O QUE OS CLIENTES AMAM

O QUE OS CLIENTES AMAM

O GUIA COMPLETO PARA ALAVANCAR SEUS NEGÓCIOS

HARRY BECKWITH

Tradução
Maria Clara De Biase W. Fernandes

CIP-BRASIL. CATALOGAÇÃO-NA-FONTE
SINDICATO NACIONAL DOS EDITORES DE LIVROS, RJ.

B356o Beckwith, Harry, 1949-
O que os clientes amam / Harry Beckwith;
tradução: Maria Clara De Biase W. Fernandes. - Rio
de Janeiro: Best*Seller*, 2008.

Tradução de: What clients love
ISBN 978-85-7684-237-8

1. Marketing. 2. Publicidade. 3. Marca de
produtos. 4. Clientes - Contatos. 5. Sucesso nos
negócios. I. Título.

08-4358   CDD: 658.802
                                                               CDU: 658.8

Título original norte-americano
WHAT CLIENTS LOVE
Copyright © 2003 by Harry Beckwith
Copyright da tradução © 2008 by Editora Best Seller Ltda.

Publicado mediante acordo com Warner Books, Inc.,
New York, New York, USA.

Capa: Folio Design
Editoração eletrônica: Abreu's System

Todos os direitos reservados. Proibida a reprodução, no todo ou em
parte, sem autorização prévia por escrito da editora, sejam quais forem
os meios empregados.

Direitos exclusivos de publicação em língua portuguesa
para o Brasil adquiridos pela
EDITORA BEST SELLER LTDA.
Rua Argentina, 171, parte, São Cristóvão
Rio de Janeiro, RJ – 20921-380
que se reserva a propriedade literária desta tradução

Impresso no Brasil

ISBN 978-85-7684-237-8

PEDIDOS PELO REEMBOLSO POSTAL
Caixa Postal 23.052
Rio de Janeiro, RJ – 20922-970

Para você, pai,
por provar
que era possível.

AGRADECIMENTOS

A maioria dos autores escreve os agradecimentos naquele momento de alívio em que seus livros finalmente estão prontos. Mas eu não me sinto aliviado; sinto-me triste. Este livro me proporcionou meses de boa companhia. Despertou-me subitamente e me fez dormir desde seus primeiros desajeitados meses até este momento em que deve entrar no mundo. Assim como a um filho, detesto ver este livro partir; é meu favorito. Tudo de mim está nele.

Também me sinto grato. Escrevi com a ajuda de centenas de pessoas, inclusive algumas que se foram — vários professores e meu querido Clive Davies, por exemplo — e outras agora distantes e ligadas a mim apenas por lembranças. Ao agradecer a essas pessoas que me abençoaram, lembro-me de Picasso ao justificar seu alto preço por um desenho que fez em minutos. O desenho não demorou minutos, insistiu ele, demorou toda a sua vida.

Por isso serei grato por toda a minha vida às pessoas relacionadas a seguir.

Cliff Greene e Sue Crolick, por darem início a isto tudo.

Eric Vrooman, por sua influência duradoura; Steve Kaplan, por sua sugestão dada há uma década que mudou tudo; Jay Novak, por me deixar praticar com seus leitores; e Lynette Lamb, por polir e reconstruir.

Meus grandes mestres: Harriet Evenson, James, Robinson, Des Kahrs, Clifford Rowe, Kurt Vonnegut

Jr., E.B. White, William Zinsser, John McPhee, John Tillman e os professores de Stanford David Potter, Ron Rebholtz, David Kennedy, Robert Horn, Paul Robinson e William Clebsch.

O pessoal da Warner Books, que demonstra que a hospitalidade do sul se estende ao centro de Nova York: Rick Wolff, Dan Ambrosio, Mel Parker, Sharon Krassney, Jimmy Franco, Jean Griffin, Andrew Fleishman, Chris Dao e duas mulheres talentosas que me fizeram parecer melhor, Giorgetta Bell McRee e Bernadete Evangelist.

Os clientes de uma vida inteira: Stephanie Prem e Peter Glanville da Wells Fargo e de Lowry Hill.

Ty Votaw e as muitas mulheres e homens especiais da Ladies' Professional Golf Association; Stan Barkey, da State Farm Insurance, outra empresa maravilhosamente receptiva; Larry Stratton, da Service Master; John Coban, da Lasalle Bonds; Jim Getz e os muitos Donahues da Federated Investors, que não só solicitaram minhas idéias como também as aplicaram: Jamie DePeau da Merck-Medco, e John Tillotson.

Agradeço também a Mark Stevens, da Northern Trust; à inesquecível Susan Tinsley, da Ivey Mechanical; ao investidor de risco Pete Thomas; ao incomparável Said Hilal, da Applied Medical; a Roger McGuin, de The Byrds, por seus insights que me ajudaram a entender a criatividade; Bruce Ozda, da EDS; Rick Salzer, onde quer que você esteja; F. Lee Bailey, pelas histórias e pela boa companhia, mesmo quando tínhamos opiniões opostas; Christer Hanefalk, da Logographia, Estocolmo; às ótimas mulheres e Fools, da Motley Fool.

AGRADECIMENTOS

Sou igualmente grato a Mark Hughes, da Bells South; Roxanna Frost, da Microsoft; muitos homens e mulheres da Hewlett-Packard Europa; ao antigo diretor-geral dos correios dos Estados Unidos, Bill Henderson; John Schultz; a Malcolm Gladwell, por idéias que mudaram meu modo de pensar, minha maior realização; John Wotring e as pessoas especiais da Primrose.

Um agradecimento especial a J.

Sou grato a mais de uma dúzia de escritores e editores do *Wall Street Journal, The New Yorker* e *New York Times,* que forneceram orientação, insight e inspiração.

Às muitas pessoas da Stanford University na década de 1970, particularmente aos generosos responsáveis pelas admissões — ou talvez eles presumissem que minha média geral de 2,26 na escola secundária fora o erro de alguém. Sejam quais forem seus motivos, elas mudaram a minha vida.

Joyce Agnew, Katie Barrett, Claire Canavan, Jane Delson, Dean Fouquette, Steve Gould, Mark Hughes, Greg Kunz, Cathy Madison, Jeanne Mayfield, Bob O'Connor, Leftheris e Jane Papageorgiou, Cathy Wornstaff Phillips, Jeannie Pierri, Mary Beth Powers, Becky Robertson, Sandra Simmons, Mitzi Stepp, Cindy Weber e Robert Wilson.

Barb e John e Joel e Judy. Espero agradecer a vocês de novo de outros modos.

Algumas fontes únicas de insights: as pessoas bondosas que me deixaram espiar secretamente suas empresas; Roy Martin da Dialog; além de um agradecimento especial às pessoas da Northern Trust e da State Farm Insurance, e Rita Schaefer e Paul

Coglin, da Houghton Mifflin/McDougal Littel, por seus generosos conselhos.

Janice Eaves, um anjo na Drew Avenue.

Becky Powell, David Macy-Beckwith e Valerie Fouquette, por sua paciência, seu riso e seu amor.

Clive Davies, um herói. Você anda na companhia de anjos, querido amigo. Sempre andou.

Harry IV, Will, Cole e Cooper, quatro outros milagres. Eu os levo para toda parte.

Alice, especialmente por sua fé.

E, finalmente, meu pai. Metade lenda e metade pai, ele projeta uma longa sombra. Seus passos também foram longos, mas um bom exemplo. Eu segui alguns desses passos, perdi outros e, percebendo que até mesmo os gigantes tropeçam de vez em quando, dei alguns meus. Ninguém alcança a perfeição, mas Harry Beckwith Jr. chegou perto dela, espiou-a e ela lhe sorriu de volta.

Pai, você foi e sempre será uma dádiva.

— Harry Beckwith

SUMÁRIO

INTRODUÇÃO	19
TRACE SEUS PLANOS	23
Seu possível negócio	25
Uma pergunta que pode ser sua resposta	26
Outra boa pergunta	27
Por que planejar?	27
O Centro Incandescente: a genialidade da Nike	28
Encontrando o Centro Incandescente	35
Os 14 princípios do planejamento	36
1. Esqueça o futuro	37
2. Pare — sim, *pare* — de ouvir	38
3. Celebre a tolice	39
4. Resista à autoridade	40
5. Seja cético em relação aos especialistas	41
6. Cuidado com a "ciência"	42
7. Desconfie da experiência	43
8. Desconfie da confiança	44
9. Evite a perfeição	45
10. Cuidado com o bom senso	46
11. Aceite a impaciência	47
12. Encontre a água	48
13. Encontrando a água: um aviso	49
14. Busque o 100-X	49
O fim das "missões"	51
Como George não fez isso	53
A fortuna prefere os corajosos	55
O insight de Laurel Cutler e Ian Schrager	56

Faça perguntas como um padre	57
Os clássicos dos negócios	59
O que a Osborn Drugs e a Target lhe dizem	62
Nova economia, mesmas pessoas	64

QUATRO ELEMENTOS BÁSICOS: A ENORME ORANGE E O FUSCA AMARELO-CANÁRIO: COMUNICAÇÕES CLARAS — 67

Tendência-chave: Sobrecarga de opções e informações	69
Seus possíveis clientes: todos estão falando diante deles	74
O surgimento de imagens	76
Os efeitos placebo do marketing	76
Os julgamentos rápidos enganam	78
O humanista e o estatístico	79
A brilhante Orange francesa	81
Lições dos estádios de Stanford	83
O que os possíveis clientes sabem	84
Uma palavra importante sobre a propaganda boca a boca	85
Seu atalho para a sorte grande	89
Obtendo publicidade: o buraco gigantesco	91
Outro benefício-surpresa de publicar	92
Quatro regras para publicar	93
Testemunhos: uma descoberta impressionante	94
Sem citar ninguém	97
O que é um especialista?	98
O médico da cidade pequena: como parecer um especialista	101
A chave para a clareza	104
Como parecer um especialista	105
Escrever como um especialista	106
A lição de marketing de Mark Twain	107

SUMÁRIO

O rapaz que gritava melhor	109
Por que os superlativos falham	110
Os corolários de Dale Carnegie: o poder da palavra "você"	111
Rudolf Flesch e o fusca amarelo-canário	113
Harper's, McPaper e Tiger	114
Uma lição do túmulo de Jefferson	116
A concisão vende	118
Como ler uma frase	119
O último passo: o teste do francês na rua	121
Talento absoluto	121

O MARTELO DE VELUDO: UMA MENSAGEM IRRESISTÍVEL

	125
Tendência-chave: o declínio da confiança	127
A sabedoria de Cole	131
O modo mais rápido de fazer com que acreditem em você	132
Um Wolverine e o Princípio do Conforto	133
O que os melhores vendedores vendem (em ordem)	135
O que os vendedores comuns vendem (em ordem)	135
Como ler uma lista de candidatos	136
Como ler uma lista de candidatos II	139
Bata com um martelo de veludo	140
Um jogo de dar e receber	142
Por que a venda agressiva se tornou mais difícil	143
O que Esopo e Jesus fariam?	145
Lições do Colorado: encontre a Força	147
O significado dos sinais afirmativos que o possível cliente faz com a cabeça	148
Por que as pessoas recebem com frieza os telefonemas não solicitados	150
Venda como se estivesse marcando um encontro	151

Por que os telefonemas do Goldman Sachs não são recebidos com frieza	151
Lembre-se de Eddie Haskell	152
Um truque para melhorar suas palestras	153
Los Angeles — cidade proibida e a Regra do Contato	154
Lincoln não tinha slides em Gettysburg	155
Como aumentar suas chances	157
As apresentações de slides não impressionam	158
Lembre-se: isso é um recurso visual	159
Embalando a idéia ousada ou conservadora	160
Quando em Roma, faça como os romanos	161
Enfatize as coisas positivas	163
Dion e a Regra de Três	164
Pense em pterodátilos e tufões	165

BLUE MARTINI E OMAHA SURFING: A MARCA
TRANQÜILIZADORA — 167

Tendência-chave: a ascensão dos invisíveis e intangíveis	169
George sempre vence Al	173
O que há em um nome?	174
O Princípio da Familiaridade	175
Conhecê-lo é amá-lo	177
O que a Fidelity e a Vanguard mostram a você	178
A familiaridade e a nova Regra 80/20	179
Entendendo sua marca: comida para adultos da Gerber e limonada salgada	180
Os limites de toda marca	183
Mil palavras?	185
Entendendo os símbolos	187
Entendendo os símbolos: o Pirates de 1965	188
Lições da Lowe's	190
Eleve sua mensagem	192

Sumário

A engenhosidade da Kinko's	194
Por que as lojas de fotocópias enfrentam problemas	195
Sir Isaac Newton, um ser humano	196
Omaha Surfing e Jefferson Airplane	197
Os clientes adoram coisas estranhas	199
Blue Martini, Loudcloud e outros peixes fora d'água	200
Como pensar em coisas estranhas	202
Apele para os sentidos das pessoas	204
Uma ótima ferramenta para a construção da marca	205
Encontrando o nome perfeito: o descritivo	206
O nome perfeito, opção dois: um acrônimo	207
Opção três: neologismo	208
Opção quatro: nome geográfico	209
Opção cinco: nome pessoal	210
Primrose e Yahoo!: nome evocativo	212
Uma lista para evitar o nome do Lago Tahoe	213
Harley, Ogilvy e os incríveis nomes encolhidos	216
Churchill estava certo: a embalagem é o serviço	218
Os seis mandamentos da Imagineering Division	220
Os clientes entendem com os olhos	221
Tiffany Network	222
O que o espaço diz para o cliente	225
O preço baixo não funciona	226
Cirurgiões cardíacos descontraídos e outros horrores	228
Mas esse fato ajuda a recrutar	229
Uma ajuda de Hong Kong	229
Simplesmente livre-se disso	231

A BELEZA AMERICANA E *UMA LINDA MULHER:* SERVIÇO DE ASSISTÊNCIA

	233
Tendência-chave: o desejo de se relacionar	235
As novas comunidades	237
O insight-chave da Starbucks	238

O que os clientes realmente compram	241
Uma lição de Hong Kong	244
Um insight de *O grande Gatsby*	247
A beleza americana: entendendo as ilusões positivas	249
Assistindo a *Uma linda mulher*	252
A incerteza e o Princípio da Importância	253
Pessoas precisam de pessoas	254
O dinheiro não pode comprar a fidelidade	255
Diga não às ferramentas eficientes	257
"Obrigado, (coloque o nome do cliente aqui)"	259
O fim da linha	259
A Corrida da Kohl's para o coração dos clientes	261
Como a Priceline quase quebrou	263
Os bons vizinhos aparecem	264
O Mercer, o Morgan e o Grand: o poder de se sentir bem-vindo	266
O modo mais rápido de aumentar a satisfação do cliente	267
Quatro regras para escolher clientes	269
O presente que não é presente	269
Seus clientes estavam sempre certos	270
Mantenha a confiança do cliente	271
Uma promessa escrita é uma promessa cumprida	271
Os três momentos-chave: 3, 24, 5	273
Entenda o que é ouvir	274
O silêncio vale ouro	276
Como ouvir	278
Uma lição do deserto do leste do Oregon: como se lembrar de nomes	279
A regra do "Total Mais Um"	280
As dez regras das boas maneiras nos negócios	282
Contrate seu staff como o Spago	283
O atalho do Ritz-Carlton para a satisfação dos clientes	284
Como Judy Rankin jogou uma rodada com 63 tacadas	286

AS CARACTERÍSTICAS QUE OS CLIENTES AMAM

Humildade e generosidade	291
Sacrifício	294
Franqueza	295
Integridade e o que ela realmente significa	297
O que os clientes mais amam	298

O MAIOR ATIVO

Por que algumas pessoas e empresas prosperam?	303

APÊNDICE

Lista de perguntas a fazer ao criar um negócio excepcional	307

Introdução:
UMA LIÇÃO DA ESTRADA

Este livro oferece uma boa alternativa para aprender com seus erros: aprender com os meus.

Meus erros começaram com *Vendendo o invisível*. Como os clientes adoram os especialistas, e ninguém parece mais especialista do que um autor, muitas pessoas me procuraram após a publicação do livro, freqüentemente com convites para palestrar em suas empresas. E, é claro, aceitei.

Fui, falei e não fui bem-sucedido.

Voei para Miami para dar uma palestra para uma grande empresa de telecomunicações. Abordei os temas que os funcionários tinham apreciado no livro, mas o número de pessoas que olhava para os próprios relógios pareceu um mau sinal. Continuei até o relógio misericordiosamente avisar que a palestra chegara ao fim.

Meu anfitrião me acolheu quando eu titubeava no palanque e prometia um *post mortem* em alguns minutos. Esperei por ele no saguão do hotel enquanto as pessoas do auditório passavam por mim como se eu fosse portador de um vírus contagioso. Minutos depois meu cliente apareceu, se sentou à mesa no saguão e começou a me fornecer a base para este livro.

— Realmente trata-se de um bom material. Mas deixe que eu lhe dê uma dica. Você pronunciou errado o nome de nosso presidente. *Três vezes*. Isso desconcertou todo mundo.

Eu dera a impressão de que não me importava com o presidente e com a empresa. Os funcionários se sentiram menosprezados e, por isso, não gostaram de mim — e da minha palestra.

Então segui para Chicago a fim de dar uma palestra para alguns distribuidores de alimentos. Mais uma vez apresentei o conteúdo que eles tinham apreciado no livro — *e* pronunciei corretamente os nomes das pessoas-chave. A reação foi melhor, mas muitos decibéis abaixo de uma grande ovação.

Eu entendi o motivo assim que voltei a me sentar. Tinha visto a audiência como minha inimiga. Ressentira-me de seu poder de me julgar; e ela conseguira bloquear meu caminho para a felicidade.

Como eu me ressentira das pessoas, muitas delas se sentiram desconfortáveis; alguma coisa pareceu distante — e, por isso, minha palestra também deu essa impressão. *Os clientes se sentem em relação a um serviço como se sentem em relação ao fornecedor.*

Próxima parada: Tucson. Eu estava determinado a gostar desse público. Cheguei a levar para a minha mesa no auditório um adesivo do tipo Post-it que diziam "Engaje-se", "Ajude", "Sorria".

Pareceu funcionar. Todos prestaram atenção, riram e se emocionaram nos momentos sentimentais. Minha crise havia terminado.

Não, não havia.

Após ouvir muitos cumprimentos ao deixar o auditório, atravessei o saguão do hotel rumo ao pequeno corredor que levava à loja de souvenirs. Tinha

INTRODUÇÃO

começado a examinar um javali de pelúcia quando um homem com uma etiqueta adesiva em que estava escrito "Bend, Oregon" se aproximou de mim com o que eu presumi que seria um cumprimento.

— Do início ao fim você mereceu nota dez. Teve-nos nas palmas das mãos — disse ele. — Então mencionou que era divorciado. Depois disso passou para nota um. Estragou tudo.

Quem era aquela pessoa que se importava com algo tão irrelevante?

Um típico cliente.

Nesse novo mundo, as habilidades técnicas contam. Mas muitos clientes podem pagá-las e a maioria não consegue distinguir a habilidade de uma empresa da de outra. A competência coloca as empresas em um jogo em que os relacionamentos vencem.

Meu primeiro livro discutiu brevemente a importância dos relacionamentos. Meus dedos podem ter passado rapidamente pelo teclado, mas meu coração estava neutro. Ainda acreditava que a competência vence, e que a alta competência vence constantemente.

Estava errado.

Este livro apresenta as lições desses e de outros erros, e dos grandes e pequenos sucessos de muitas empresas. Investiga o que os clientes apreciam, e como isso é determinado e alterado por quatro mudanças sociais significativas. Todo negócio que compreende e acompanha as mudanças, que iniciam cada uma das próximas quatro partes do livro, deve prosperar.

Depois dessas quatro partes, este livro examina como estruturar melhor o negócio. O Apêndice inclui perguntas que os leitores podem fazer durante essa fase.

O livro finaliza com a discussão das características mais valiosas das pessoas numa economia desenvolvida. Os clientes amam essas características; sempre amaram.

Adorei explorar tais idéias, e espero que você encontre aqui insights, inspiração e muitas ferramentas que ajudarão você a crescer — e a gostar disso.

Harry Beckwith

TRACE SEUS PLANOS

Seu possível negócio

Esqueça-se do *benchmarking*. Ele só revela o que os outros fazem, o que raramente é suficiente para satisfazer e fascinar os clientes de hoje.

Esqueça-se de estudar fatores críticos para o sucesso, embora os japoneses tenham criado uma aparente dinastia econômica se concentrando neles. Aparente porque a pergunta básica era falha. A questão "O que tornou as empresas de nosso ramo bem-sucedidas?" leva você às velhas respostas — que, por sua vez, faz copiar e aperfeiçoar, em vez de inovar.

(O método preferido de copiar e aperfeiçoar da "dinastia" japonesa consistia em melhorar a qualidade do produto e fabricá-lo a um custo mais baixo — dois grandes pontos fracos americanos na época. O fato resultou em videocassetes de 700 dólares que poderiam ser vendidos com lucro por 400 dólares e deu aos japoneses enorme vantagem, embora temporária. Mas como a abordagem japonesa tratava-se de um simples aperfeiçoamento dos "fatores críticos para o sucesso" na indústria eletrônica, as empresas americanas foram capazes de copiar com rapidez a fórmula japonesa, aumentando o controle de qualidade e usando mão-de-obra barata de outros países.)

Não importa o que os clientes digam que querem. Nenhum cliente jamais pediu caixas automáticos, certificados de depósitos negociáveis, carros com bancos aquecidos, o restaurante Asia de Cuba, cheques de viagem, Disneylândia, Cirque du Soleil ou o show dos mágicos Siegfried & Roy. E ninguém, fora alguns milhares de técnicos em eletrônica, pediu computadores domésticos. Os clientes jamais mencionaram que queriam nenhuma dessas coisas.

Seus criadores simplesmente as criaram, percebendo que as pessoas as adorariam.

Os empreendimentos muito bem-sucedidos — Federal Express, a peça teatral *O rei leão* e Citicorp, como três grandes exemplos, e Powell's Bookstores, Creative Kidstuff e a rede de hotéis Ian Schrager, como exemplos relativamente menores — nunca recorreram ao *benchmarking*, estudaram fatores críticos para o sucesso ou perguntaram a seus possíveis clientes o que eles queriam. Em vez disso, fizeram a mesma pergunta: "O que as pessoas amariam?"

Faça-a também.

Pergunte-se — e continue a se perguntar — "O que as pessoas amariam?"

Uma pergunta que pode ser sua resposta

Na próxima vez em que você pensar sobre sua estratégia, pergunte: "Se eu dirigisse uma empresa concorrente, como superaria a nossa?"

Que ponto fraco eu atacaria? O que faria para essa nova empresa se distinguir e conquistar clientes?

Aí elimine o ponto fraco. Ele é o motivo de você estar perdendo alguns negócios.

Depois crie o ponto forte de distinção — antes que alguém comece a fazê-lo.

Sempre se pergunte: "Como eu superaria minha própria empresa?"

Outra boa pergunta

Sempre que você pensar sobre os próximos passos de seu negócio, pergunte-se: "Se nós estivéssemos começando do zero, o que faríamos de modo diferente?"

Então faça-o.

De vez em quando, comece do zero.

Por que planejar?

A maioria das pessoas supõe que os planos dirão a elas o que fazer. Contudo, poucas pessoas os seguem. Os fatos e suposições mudam — e os planos mudam com eles, como é de se esperar. Contudo, as empresas continuam a planejar.

Por quê?

Porque o valor do planejamento não está no plano, mas em planejar. Planejar ensina a você e a seus colegas tudo sobre seu negócio, seu mercado, seus clientes e uns sobre os outros.

Assim como escrever um livro, escrever um plano instrui você de um modo inigualável.

Por isso, continue a planejar. Quando você implementar seu plano, seus possíveis e atuais clientes reagirão, e as reações deles lhe ensinarão mais. Essas reações, quando cuidadosamente observadas, revelarão, entre outras coisas, o que os clientes querem — e amam.

Os planos ensinam.

O Centro Incandescente: a genialidade da Nike

O sucesso da Nike — desde seu estranho começo na cozinha de Bill Bowerman, perto de Eugene, Oregon, até seu status atual de gigante da indústria — pode remontar à sua origem: o Centro Incandescente.

A Nike começou quando Phil Knight não se contentou mais em distribuir o então dominante tênis para atletismo, o minimalista Tiger, produzido no Japão. Ele se associou a Bill Bowerman, treinador de atletismo da University of Oregon, para produzir um novo tênis, ao qual deram rapidamente o nome da deusa grega da vitória.

Ao escolher se associar a Bowerman, Knight foi diretamente ao Centro Incandescente da indústria de corridas americana. Bowerman e Jumbo Elliot, da Villanova University, eram lendas vivas, gurus americanos das corridas e treinadores de muitos atletas olímpicos americanos, particularmente dos corredores de longa distância. Bowerman não foi sozinho ao Centro Incandescente da indústria, ele foi acompanhado por Steve Prefontaine, o corredor mais rápido e carismático da América nas distâncias de 3 a 5km, uma figura tão importante que, mais tarde, seria tema não apenas de um filme de Hollywood, mas de dois.

Com Bowerman como designer e Prefontaine como usuário, a Nike logo se tornou o símbolo e o nome mais destacado nas corridas nos Estados Unidos do início da década de 1970.

Então a Nike descobriu uma mina de ouro em um lugar inesperado: a Alemanha.

O triunfo inédito e amplamente visto de Frank Shorter na Maratona Olímpica de 1972, em Munique, embora tenha sido humilhante para os americanos e trágico para todos, transformou a América, quase da noite para o dia, em uma nação de corredores. A cobertura quase elegíaca de Jim McKay da corrida de Shorter — suas repetições poéticas das palavras "você deve correr sozinho" podem ter sido o slogan mais poderoso jamais ouvido nas corridas e inspirou os americanos, sedentários desde as aulas de educação física na escola, a correr 1.600m no dia seguinte. Felizmente para a Nike, esses novos corredores precisavam de tênis.

O tênis Nike foi lançado e continuou sua ascensão quase vertical durante o boom das corridas que se seguiu. Mas como tudo que é bom dura pouco, em meado de 1980, o boom teve seu fim.

Na verdade, o boom nunca foi o que pareceu ser. No final da década de 1970, os proprietários de lojas de material esportivo partilhavam um segredo: a maioria dos compradores de tênis de corrida não corria. Essas pessoas só queriam parecer em boa forma e se sentir confortáveis.

O tênis de corrida havia se tornado um negócio da moda.

Quando a moda de correr como esporte e dos tênis de corrida passou, os americanos descobriram uma alternativa saudável: a ginástica aeróbica. A Reebok, fabricante inglesa de tênis, viu essa onda e entrou nela primeiro. Logo homens e mulheres ostentavam Reeboks, e o tênis de Knight — que representava a vitória e a conquistara tão rapidamente — pareceu perto da derrota.

Nesse ponto a Nike poderia não ter sobrevivido a uma clara tentativa de rejeitar sua imagem atlética e criar uma da moda, para ser como a Reebok. As clássicas imagens da década de 1980 de mulheres com meias brancas folgadas, calças justas e *colants* de cores combinantes funcionavam para a Reebok. Mas a Nike seguia outra linha e não se fez passar pelo que não era. Não podia ser as duas coisas ao mesmo tempo.

Felizmente a Nike não teve de fazer nada. Um ícone louro fez por ela.

> *Wolfgang Puck também alcançou o estrelado usando uma estratégia do Centro Incandescente bem executada ao criar o Spago. Depois de ser chef do famoso restaurante de Hollywood Ma Maison, ele abriu o Spago, em 1982. Puck conquistou a elite local: diretores, produtores e astros de cinema. Suas hostesses liam Variety e outras revistas para reconhecer pessoas importantes quando entrassem no restaurante. Uma vez nele, o staff guardava na memória as preferências dessas pessoas, ainda que incomuns, e as serviam. Por exemplo, as massas excessivamente cozidas que Suzanne Pleshette preferia não constavam no cardápio do restaurante.*

A loura era Farrah Fawcett, estrela do sucesso da tevê *As panteras*, e seu ato acidental de filantropia para a Nike foi posar para uma fotografia. Enquanto o pôster de uma convidativa Farrah em traje de banho vermelho justo — e que decorou um milhão de dormitórios masculinos — se tornava famoso, a fotografia de Farrah em um skate encantava mais as garotas. Farrah parecia estar se divertindo — e não cobiçando os namorados delas.

E ela estava usando o tênis vermelho e branco Nike Cortez.

Poucas garotas podiam imitar o famoso penteado de Farrah, mas todas podiam comprar um Nike vermelho e branco — e quase todas fizeram isso.

Sem negar sua missão de criar tênis sérios para atletas sérios — apenas se mantendo à parte enquanto Farrah usava sua magia — a Nike chegou ao Centro Incandescente: a mulher que mais influenciava a moda da época.

Mais uma vez, o que era bom teve seu fim. O seriado *As panteras* saiu do ar e Farrah se casou. Nessa mesma época, as pessoas descobriram que fazer ginástica aeróbica era mais difícil do que correr. Você não pode "fazer aeróbica" em qualquer hora e lugar;

precisa de música, um instrutor e uma academia, que pode se localizar a quilômetros de distância. Além disso, a aeróbica era uma atividade realizada em recintos fechados, o que a tornava menos atraente quando o sol brilhava.

A Nike precisava de outro Centro Incandescente, e mais uma vez encontrou um, dessa vez não por sorte, mas porque previu a ascensão de um astro.

No final da década de 1980, o basquete havia ressurgido na América. Estimulado pela qualidade de jogadores como Magic Johnson e cativando times nas duas capitais da mídia e maiores cidades americanas — Los Angeles e Nova York —, o basquete começava a substituir o beisebol e o futebol americano como o esporte mais popular da América.

Para a Nike, tratava-se ao mesmo tempo de uma boa e uma má notícia. As pessoas ainda a viam como a fabricante de tênis de corrida, e as primeiras impressões são as que ficam. A empresa precisava superar sua imagem limitada e chegar ao Centro Incandescente do basquete.

Felizmente, a Nike olhou à frente.

Se a Nike tivesse se concentrado no curto prazo, poderia ter tentado fazer Johnson ou Larry Bird, do Boston Celtics, promover seu tênis de basquete. Em vez disso, escolheu um recém-graduado da University of North Carolina que não tinha sido o primeiro escolhido na seleção dos jogadores universitários daquele ano — o que pareceu estranho na época. (O primeiro fora Hakeem Olajuwon. O vizinho da Nike, o Portland Trailblazers, usou a segunda seleção para escolher o pivô do Kentucky, Sam Bowie, cujo nome jamais apareceu em um par de tênis de times da All-Star.)

A escolha da Nike, como sabem muitos leitores de todo o mundo, foi Michael Jordan. Logo, Jordan se tornou o Centro Incandescente do basquete. Era singularmente talentoso, carismático, atraente e um dos maiores competidores que já existiu.

Mas por trás dos cenários óbvios, a Nike trabalhava meticulosamente os Centros. Contratou homens que eram amigos próximos dos principais jogadores nos lendários playgrounds da cidade de Nova York, o habitat de Julius Ervin, Kareem Abdul-Jabbar, Albert e Bernard King e — aos olhos dos garotos de Nova York — lendas anteriores ainda maiores como Earl Manigault e Helicopter Heinz.

No futebol, a empresa passou a interceptar atletas em início de carreira criando campos da Nike para aspirantes a jogadores universitários. Treinadores contratados pela Nike aprimoravam as habilidades desses jogadores, ao mesmo tempo avaliando seu desempenho em corridas de 36m, levantamento de supino, levantamento de peso e outros indicadores de desempenho que os treinadores de universidades usam para comparar possíveis jogadores.

No que diz respeito aos esportes menos visíveis, a Nike pôs seus tênis nas mãos de bons jovens jogadores, como, por exemplo, tenistas de 9 anos e golfistas de 10.

Como as figuras-chave da mídia também ocupam o Centro Incandescente da maioria das indústrias, a Nike cultivou a mídia. Quando encontrava um obstáculo — como seu antigo desentendimento com a principal revista sobre corridas, *Runners' World* — os executivos

> *Embora Running não tenha tido vida longa, a estratégia de publicar sua própria revista pode funcionar. O exemplo mais espetacular é a famosa revista sobre finanças* Worth. *A Fidelity Investments fundou a revista quando seu bom relacionamento com a revista* Money *esfriou. (Os redatores e editores da* Money *elogiavam a Fidelity com tanta freqüência que outras empresas de fundos mútuos — todas possíveis anunciantes — reclamaram.) A empresa que usou a publicidade mais claramente para promover sua marca é o Yahoo! Para garantir a máxima exposição, o Yahoo! chama sua revista virtual de* Yahoo! *Só os benefícios promocionais da exposição desse nome fizeram valer a pena publicá-la.*

da Nike simplesmente o driblavam. A Nike comprou os direitos de uma minúscula revista sobre corridas com o nome definitivo do Centro Incandescente — *Running* — e começou a publicar sua própria revista sobre o tema.

A Nike é uma das milhares de empresas americanas que demonstram o enorme poder de algumas influências — do Centro Incandescente — sobre uma indústria.

Quase todos os ramos de negócios têm um Centro Incandescente. Por exemplo, no da arquitetura, ele é ocupado por editores de revistas regionais de arquitetura bem conceituadas; alguns redatores, notavelmente o do *New York Times*, Paul Goldberger; e vários clientes exigentes — como o Guggenheim Museum de Nova York — são procurados para darem suas opiniões sobre os melhores arquitetos ou aquele mais em voga. A influência desse grupo de pessoas no Centro Incandescente é, como a de Michael Jordan na indústria do basquete, sísmica — um ponto de vista bem apresentado em *O ponto de desequilíbrio,* de Malcolm Gladwell.

Repleto de opções e informações, os possíveis clientes buscam cada vez mais o Centro Incandescente antes de fazerem suas escolhas. Seu selo de aprovação os conforta, garantindo-lhes que estão fazendo um bom negócio.

Seja como a Nike. Identifique e cultive o Centro Incandescente.

Encontrando o Centro Incandescente

Quem são os especialistas em seu ramo?

Que editores, redatores e revistas são mais influentes?

Que clientes são formadores de opinião?

Que jornais e revistas os leitores respeitam mais? Quem publica, edita e trabalha como colaborador para eles? Qual é o seu relacionamento com esses indivíduos? Há outras pessoas — amigos, colegas, aliados — que podem ajudá-lo a se aproximar dessas influências-chave?

Onde os associados desse Centro Incandescente podem ser encontrados? Em que feiras de negócios e convenções?

Crie um mapa para seu Centro Incandescente e uma estratégia para cultivá-lo. Antecipe os próximos

> *Muitos estudantes e apreciadores de arquitetura lamentam cada vez mais a influência de seu Centro Incandescente, deplorando uma tendência que a crítica Ada Louise Huxtable apelidou de "prédios-troféus de arquitetos de renome". Frank Gehry parece construir tudo, enquanto outros arquitetos inovadores não conseguem penetrar no Centro Incandescente e, através dele, conseguir a atenção de possíveis clientes. Por isso, esses arquitetos excepcionais trabalham em uma relativa obscuridade e raramente participam de projetos potencialmente importantes e notáveis, como designs ou reformas de grandes museus.*

associados do Centro Incandescente e se aproxime deles o quanto antes — como a Nike se aproximou de Jordan e Tiger Woods. (O CEO da Nike, Phil Knight, acompanhou todos os jogos de Tiger no U.S. Amateur de 1994, mesmo antes de ele declarar sua intenção de se tornar profissional. É amplamente presumido que a Nike contactou Tiger pela primeira vez quando ele ainda era um calouro — *do ensino médio.*)

Todos os segmentos — de fabricantes nacionais de sapatos a salões de beleza locais — têm um Centro Incandescente. (Que salão cuida dos cabelos dos novos âncoras em Portsmouth, New Hampshire ou Jackson, Mississipi? Que loja fornece seus ternos?)

Como o segmento de beleza em Portsmouth, o seu tem um Centro Incandescente. Essas perguntas o ajudarão a descobri-lo e cultivá-lo.

Faça essas perguntas para encontrar seu Centro Incandescente.

Os 14 princípios do planejamento

*N*ota do Autor:

Nos cinco anos que se seguiram à publicação de *Vendendo o invisível,* muitas pessoas responsáveis por planejar em suas empresas expressaram gratidão pela parte sobre as falácias do planejamento.

Ele deixa muitos gerentes perplexos, atormentados e paralisados, não porque "nossos dados são falhos". Nossos dados raramente nos fazem fracassar; nosso modo de pensar sim.

Para ajudar você a implementar os conselhos deste livro, a seção a seguir atualiza e revisa substancialmente as falácias do planejamento. A versão anterior ajudou muitas pessoas, mas esta revisão deve ajudar ainda mais.

1. Esqueça o futuro

Os especialistas disseram que o telefone promoveria a paz, eliminaria o sotaque sulista e revolucionaria a cirurgia.

H.G. Wells previu que os telefones acabariam com os congestionamentos de trânsito, porque as pessoas não precisariam mais trabalhar nas cidades.

O inventor do telefone foi ainda mais longe. Imaginou o telefone como um mero aparelho para transmitir concertos musicais.

Quando se tornou óbvio que o telefone permitiria às pessoas falar a distância, a maioria dos profetas cometeu erros. Os executivos da companhia telefônica pensaram em um uso específico para as conversas por telefone: ligações de negócios. E quanto à possibilidade de as pessoas telefonarem para seus amigos apenas para conversar? Absurda, pensaram. Perda de tempo. Isso não aconteceria.

Não importa o quanto olhemos, não conseguimos ver adiante.

Seu planejamento não deveria se basear em suposições sobre o futuro porque nenhuma suposição — exceto sobre a morte e os impostos — é segura. Em vez disso, baseie suas suposições na única previsão que nunca falhou: as pessoas pagarão pelo que gostarem. Planeje criar o que elas gostam e deixe o futuro cuidar de si mesmo — como sempre cuidou.

Planeje baseado no que você pode prever: aquilo que as pessoas amarão.

2. Pare — sim, *pare* — de ouvir

Há anos os livros incentivam você a inovar ouvindo seus clientes.

Pare de fazer isso.

Todos os dias empresas americanas introduzem mudanças baseadas no que os clientes disseram. Oitenta e cinco por cento dessas mudanças não têm nenhum efeito. Outras fazem o tiro sair pela culatra.

A idéia comum de "ouvir mais" se baseia na suposição errada de que as pessoas dizem o que pensam. Elas não dizem. Freqüentemente dizem o que fará com que pareçam boas para quem faz a pergunta — pesquisadores de mercado, por exemplo. Quase ninguém confessa que bebe demais ou frauda relatórios de despesas. Milhares de homens que choraram assistindo a *Vestígios do dia* insistem em dizer que trata-se de um filme tolo. Poucos confessam que são fãs de Twinkies.

A segunda falha na idéia de "ouvir mais" é a suposição de que as pessoas se conhecem o bastante para se revelar de maneira precisa. Quando nós sondamos nossas almas, sabemos que isso não é verdade e que Carrie, em *Sex and the City*, estava certa quando pensou, no segundo episódio da terceira temporada: "Não é estranho que possamos conhecer nossos amigos perfeitamente e não conhecer o principal sobre nós mesmos?"

Nós nos confundimos. Jovens e velhos partem em jornadas para "se encontrar" que raramente revelam muito. Como Carrie, Nietzsche estava certo ao afirmar que, de todos os mistérios da vida, somos o maior mistério para nós mesmos.

Não hesite em ouvir possíveis e atuais clientes — mas não acredite em tudo o que dizem.

Há décadas os psicólogos reconheceram que as palavras induzem ao erro e que é melhor observar. "A vida acontece no nível dos eventos, não das palavras", disse certa vez o psicólogo Alfred Adler.

Confie apenas no movimento.

Não ouça, observe. Para atravessar todas as camadas e chegar aos lugares secretos das pessoas, olhe mais atentamente. Torne-se a própria definição de um grande pesquisador: aprenda a olhar para onde todos olham e a ver algo diferente.

Pare de ouvir e comece a olhar.

3. Celebre a tolice

Um computador translúcido cor de uva que você usa em casa? Para quê?

Reunir uma dúzia de pessoas em uma ilha deserta artificial para ver quem sobrevive a constantes brigas e calúnias — milhões de pessoas verão isso na televisão?

Tolice.

Uma xícara de café de 3 dólares e 75 centavos? Fala sério!

As pessoas adoram o novo e diferente, porque isso as faz achar que estão progredindo, se renovando, crescendo. Somente fazendo o que ninguém jamais fez é que você pode se renovar — e fazer grandes inovações.

Pense em tolices.

4. Resista à autoridade

Reúna oito indivíduos em uma sala e o que acontecerá? Os alfas assumirão o comando.

Por esse motivo, as idéias implementadas em sua empresa não provêm da boa reflexão. Provêm dos alfas — os animais em qualquer grupo que tomam e mantêm o poder.

Os alfas são bons em pensamento criativo ou estratégico? Não necessariamente. Só são bons em tomar o poder. Freqüentemente, são apenas as pessoas que *parecem* mais poderosas. Estudos sugerem que, quanto mais alto é o grau de um recém-formado em uma escola de negócios, maior é seu salário inicial.

Se você é um alfa, aprenda a ficar quieto e esperar.

Ouvir uma autoridade o concentrará no passado, no que funcionava antes. Mas pouco daquilo funciona agora; o descontentamento com os serviços atingiu níveis recordes. Ouça os poderosos e você repetirá esse passado sombrio — e perderá seus clientes.

Questione a autoridade (em silêncio).

5. Seja cético em relação aos especialistas

De acordo com uma piada sobre os economistas, os especialistas em economia previram corretamente 13 das últimas seis recessões dos Estados Unidos.

Os meteorologistas lhe garantem que há poucas chances de chover no momento em que você olha pela janela e vê um aguaceiro.

Os especialistas em cinema da Universal Studios disseram não ao *Guerra nas estrelas*.

O que qualifica alguém como especialista? Muitos dados e experiência. Mas com que fim? Com freqüência vemos dois especialistas em lados opostos de quase todas as questões, cada qual armado com dados para apoiar seus argumentos.

O especialista George Soros, um dos homens mais ricos do mundo e investidor famoso, estava tão certo da queda do capitalismo global que escreveu um livro sobre o assunto. Apenas dois anos após o lançamento, Soros olhou ao redor, viu que o capitalismo florescia e confessou ao *New York Times*:

"Eu estava errado."

Cuidado com os conselhos dos especialistas. Eles costumam aplicar uma experiência anterior a uma atual. Mas sempre que aplicamos as lições de uma experiência a outra, presumimos que ambas são idênticas.

Elas nunca são.

Questione os especialistas.

6. Cuidado com a "ciência"

As pessoas costumam dizer: "As pesquisas mostram.'

As pesquisas fora do campo das ciências naturais — e grande parte das pesquisas nesse campo — nunca mostram nada. Apenas sugerem uma conclusão defensável.

Supervalorizamos as pesquisas, particularmente quando suas conclusões são expressas de forma quantificada. "A maioria das pessoas gosta de acesso 24 horas à internet" parece pouco para nós. "Cinco em cada seis pessoas gostam de acesso 24 horas à internet" parece mais exato e confiável; "83,3% gostam de acesso 24 horas à internet" parece um fato científico merecedor de uma ação imediata, embora essa afirmação seja idêntica à que a antecedeu e tirada da mesma pesquisa usada para apoiar cada uma dessas conclusões.

Pesquisas garantiram à Ford que os Edsels seriam vendidos com facilidade, sugeriram à Columbia Pictures que rejeitassem *E.T.* e disseram a Richard Zanuck que *Star!* seria um grande sucesso de bilheteria: "Estamos confiantes", escreveu ele a seu pai, Daryl, após ouvir os resultados das primeiras pré-estréias de *Star!*. "Melhor do que *A noviça rebelde*!"

Desconfie das pesquisas. Elas nem sempre revelam o que os clientes realmente amam.

7. Desconfie da experiência

Durante anos, o Dr. Stephen Jay Gould acalentou boas lembranças de quando se sentava com seu pai nos degraus do famoso centro de tênis em Forest Hills, no Queens. Vários anos atrás Gould caminhava em seu antigo bairro quando aqueles degraus lhe chamaram a atenção.

Eles levavam à porta dilapidada da Mueller Moving and Storage.

Nós nos lembramos de coisas que nunca aconteceram. Citamos como prova um evento que não ocorreu exatamente como nos lembramos dele.

Em *Os sete pecados da memória,* o autor, Daniel Shacter, nos alerta sobre como vemos os eventos com imprecisão, citando casos recentes em que evidências de DNA mostraram que 90% das identificações de testemunhas oculares de crimes estavam erradas. Contudo, "elas viram com seus próprios olhos" — algo que nós consideramos uma prova convincente.

Nós lemos sobre a febre de tulipas nos Países Baixos que levou alguns holandeses a pagar uma fortuna por um único bulbo. Traçamos um paralelo ao nosso mercado de ações e concluímos que as ações se tornaram como as tulipas.

Então encontramos *Famous first bubbles,* de Peter Garber, e descobrimos que a mania das tulipas provavelmente não foi o que, durante anos, achamos que fosse. Não houve uma diminuição do desenvolvimento econômico quando as vendas de tulipas caíram. Sim, elas atingiram preços absurdos, mas ainda custam muito caro hoje em dia. Recentemente um comprador anônimo pagou 700 mil dólares por um único bulbo. Sempre houve mania de tulipas, febre de orquídeas e paixões similares.

Nossas experiências, como nossas impressões sobre a especulação com as tulipas, observações de testemunhas oculares e lembranças de Forest Hills muitas vezes não foram experiências. São ficções que lemos ou escrevemos, mas que tratamos como fatos.

Desconfie de sua experiência e memória.

8. Desconfie da confiança

Erramos muito mais do que imaginamos — principalmente quando temos certeza de que estamos certos.

Isso ocorre com tanta freqüência que os cientistas sociais lhe deram um nome — Tendência ao Excesso de Confiança — e demonstraram sua ocorrência em vários estudos. Neles, foram feitas várias perguntas e foi pedido aos entrevistados para indicar sua certeza sobre cada resposta, partindo de uma porcentagem mínima até 100%, ou certeza total.

O que aconteceu?

Quinze por cento das respostas das quais elas tinham total certeza estavam erradas. *Você está errado em 15% das vezes em que tem certeza de alguma coisa.*

Isso tem pelo menos três implicações para os planejadores. Em primeiro lugar, tente localizar esses 15% em seu negócio — as áreas em que você está sempre agindo de acordo com suposições ou conclusões equivocadas — e corrija esses erros.

Em segundo lugar, questione-se constantemente. Mesmo quando tem certeza, você pode estar errado.

E, por fim, não se deixe dominar pelas fortes convicções alheias ou adote o ponto de vista de seu defensor mais confiante. Muitas pessoas só usam a confiança como uma ferramenta de persuasão e parecem certas porque querem prevalecer. Ainda assim, outras são sinceras em suas convicções — mas estão totalmente erradas.

Se você ou outra pessoa tem certeza de algo, questione a respeito.

9. Evite a perfeição

Chegar ao "melhor" sempre é complicado.

Em primeiro lugar, é possível todos concordarem sobre o que é melhor?

Quanto tempo as pessoas demorarão para concordar sobre isso?

Quando concordarem, quanto tempo demorarão para executar essa tática considerada "melhor"? Ela realmente pode ser bem executada com rapidez e eficiência?

Geralmente o planejamento nos negócios obedece à Regra das Empresas Recém-Criadas: tudo custa o dobro e toma o dobro do tempo esperado. Você pode se dar ao luxo de despender tanto tempo e dinheiro?

"Eu não busco a perfeição, porque é inatingível. Tudo que busco é a excelência profissional."
— Tiger Woods

Quanta excelência em outras áreas — ambiente de trabalho, produtividade, rapidez — você tem de sacrificar para alcançar a excelência em uma área particular?

E os possíveis e atuais clientes perceberão essa excelência? Ela os beneficiará? Eles se importarão com ela? O seu esforço valerá a pena?

Como Tiger, busque a excelência, não a perfeição.

O bom supera o perfeito.

10. Cuidado com o bom senso

Certa vez um executivo da Fortune 500 sugeriu que o marketing consiste em algo relativamente simples. É só ter bom senso.

Mas ele não é comum ou lógico. Albert Einstein rejeitou toda essa idéia, chamando o bom senso de "a coleção de preconceitos adquiridos até os 18 anos de idade". A historiadora Barbara Tuchman dedicou um livro a esse assunto. Em *A marcha da insensatez,* citou cinco atos lendários de insensatez, inclusive a rendição de Montezuma a um exército espanhol do tamanho de uma turma de alunos do ensino médio e os troianos levarem para sua cidade aquele cavalo de madeira deixado pelos gregos.

O bom senso pode proteger você de erros colossais, mas não pode inspirar grandes inovações. Não inspirou nenhuma das grandes inovações do marketing — cheques de viagem, certificados de depósito negociáveis, a entrega 24 horas ou a propaganda da vodka Absolut. Elas foram inspiradas pelos vôos da imaginação.

O bom senso só o levará até um certo ponto. As inovações exigem imaginação.

11. Aceite a impaciência

Muitas organizações parecem acreditar na inércia. Acham que as coisas tendem a permanecer como estão ou em movimento e, portanto, em progresso que inevitavelmente gerará mais progresso.

Em vez disso, a Regra do Exercício se aplica aqui. As organizações em movimento tendem a continuar avançando. As imóveis ou que descansam à sombra de seus louros se atrofiam, enfraquecem e morrem jovens.

Para piorar o problema, a imobilidade a princípio nunca parece uma idéia ruim, porque nada dá imediatamente errado nem assinala seus perigos. "Esperamos para nos certificar de que estávamos certos e nada de ruim aconteceu, então isso é bom."

Por isso, imobilidade gera ainda mais imobilidade. Os funcionários também ficam estagnados, deixando de enfrentar novos desafios e alcançar novas posições. Alguns toleram essa situação. Na verdade, os que ficam presos aos hábitos e se opõem a mudanças a apreciam. Mas as pessoas dinâmicas precisam de ambientes dinâmicos. Fique estagnado e esses funcionários voltados para a ação deixarão a empresa, levando com eles sua maior fonte de vitalidade. Sem eles, sua organização se tornará ainda mais voltada para a espera. Você freará e depois engatará a ré.

O exercício também funciona nos negócios.

12. Encontre a água

O grupo de planejamento se reúne, discute suas opções e as reduz a uma. Suponhamos que a opção seja o Plano A de 1999: Implementar nossa estratégia de internet.

Basicamente, essa empresa decidiu que o Plano A fornecerá a água para saciar sua sede e necessidade de crescimento, e envia todos nessa direção.

O problema é que nada no marketing é garantido; você nunca sabe onde a água está até encontrá-la. Com freqüência, a água se revela uma miragem e a empresa se vê sem salvação, tendo gastado tempo e dinheiro e esgotado seu suprimento de água para encontrar uma nova fonte.

Agora, com menos água do que quando começou, sua sobrevivência está ameaçada.

Em vez disso, o que você deve fazer? Despender menos tempo planejando e mais esforços para enviar pequenos grupos para vários locais possíveis. Quando esses exploradores voltarem, avalie o que eles aprenderam e qual lago representa a melhor fonte. Então, concentre todo o tempo e dinheiro que economizou *nessa* expedição.

Ponha os pés em vários lagos e depois mergulhe em um deles.

13. Encontrando a água: um aviso

Como muitos acontecimentos nos negócios, este parece comicamente familiar. "Não sabemos se há água lá fora", diz o executivo. "Vamos esperar até que tenhamos certeza."

É como esperar pelo dilúvio, que não ocorre desde os tempos de Noé.

A empresa que espera garantias está condenada. Nada é garantido nos negócios. Os sucessos passados não são garantias de um futuro bem-sucedido.

Faça alguma coisa — nem que seja apenas porque isso o levará a aprender, e o aprendizado talvez seja o ativo mais valioso de uma empresa.

Faça.

14. Busque o 100-X

Os investidores de risco (VC, de *venture capitalists*) são conhecidos por suas abreviações dos mega retornos sobre investimentos. O que o famoso investidor e autor Peter Lynch chama de "10-*baggers*" (um retorno dez vezes maior que o valor investido), os VC chamaram de "10-X".

Em busca de retornos maiores para compensar os muitos investimentos de alto risco que dão prejuízo, os VC buscam investimentos que podem apresentar um retorno de cem vezes o valor investido, ou 100-X.

Na verdade, um típico portfólio de investimento de risco mostra que a Regra 80/20 — de que 80% de todos os bons resultados provêm de 20% de suas atividades — atenua a diferença entre as boas e as ótimas idéias de negócios. Um ou dois investimentos de uma empresa de VC produz retornos enormes; o resto praticamente não os produz, ou resultam em perdas quase totais. Na prática, o princípio que se aplica de fato é o 90/10.

O princípio 90/10 se aplica até mesmo à menor das lojas: nenhuma estratégia é criada de modo igual. As estratégias e táticas espetaculares fazem mais do que superar as boas; funcionam cem vezes melhor.

Dedique seus pensamentos, tempo e dinheiro a uma ou duas estratégias possíveis de 100-X. Teste rapidamente diferentes estratégias e táticas e depois gaste cada centavo que puder encontrar — e tomar emprestado — na estratégia de 100-X.

Cada minuto e centavo que você gastar produzirá um grande retorno, ao passo que seguir outras estratégias só o afastará do sucesso.

Sempre busque o 100-X.

O fim das "missões"

Culpe os irmãos cara-de-pau.

Hoje as pessoas associam "missões" a catástrofes (a missão Challenger) e maluquices (a missão do reverendo Jim Jones na Guiana). John Belushi e Dan Aykroyd realizaram uma missão no filme *Os irmãos cara-de-pau*. Quando lhes pediram para explicar seu comportamento devastador, eles disseram: "Nós estamos em uma missão de DEUS."

A palavra "missão" perdeu a força. Comediantes a ridicularizam enquanto outros a usam para sugerir zelo exagerado. A maioria dos executivos e funcionários agora vê as "missões" como o produto de um outro ano inteiro, Corporate Initiative Du Jour[1] que não gera nada além de encomendas de pizza e um documento que tem tanto valor quanto os pedidos regulares de manter a sala de café limpa.

No golpe final, Dilbert zombou das declarações de missão oferecendo o Catbert's Mission Statement Generation, que criava missões muito familiares, como "nossa missão é continuar a personalizar conteúdo com uma boa relação custo-benefício, assim como revolucionar continuamente o capital intelectual baseado no mercado".

Portanto, declare sua missão — só não chame isso de uma declaração de missão. Refira-se à ela como o que é: seu objetivo. É sua razão para ir trabalhar, sua paixão, seus motivos mais profundos, que vão

---

[1]Iniciativa corporativa do dia. (*N. do E.*)

> *Um sinal de que é hora de mudar um nome ou uma frase é quando ela é ridicularizada em um filme popular e provoca muitos risos. No que diz respeito a isso, as Organizações de Manutenção de Saúde (HMO, de health maintenance organizations) deveriam ver o filme* Melhor é impossível — *e repensar a sigla "HMO". Poucas cenas em um filme provocaram tantas gargalhadas quanto o discurso bombástico Helen Hunt:*
>
> *"H... M... O... de mer...!"*

além de ganhar e dividir o dinheiro.

Pergunte: Por que estamos aqui? Qual é a nossa paixão?

O que *nós* amamos?

Na empresa ServiceMaster, as pessoas trabalham para fazer a obra de Deus. Os funcionários da Mail Boxes Etc. trabalham para fazer com que as pessoas sorriam. Antes de sua venda para French Telecom, no verão de 2000, os funcionários da Orange trabalhavam para facilitar e melhorar a vida das pessoas. Milhões de americanos trabalham porque gostam de fazer algo comum de um modo excepcionalmente bom.

Seja qual for seu objetivo, declará-lo *funciona*. A declaração de objetivo da ACI Telecentrics pode ser vista atrás da escrivaninha de sua recepcionista, de onde impressiona tanto visitantes que muitos pedem cópias. Uma declaração de objetivo eficiente atrai e conforta os clientes, inspira os funcionários e produz resultados mensuráveis.

Defina seu objetivo. Chame-o de "Nosso maior objetivo", "Por que estamos aqui" ou "Que diferença nós faremos". Não importa como você o chamará, lembre-se dos irmãos cara-de-pau — e não o chame de "nossa missão".

Defina — e renomeie — sua missão.

Como George não fez isso

Talvez George Bush tenha desferido o golpe fatal. Quando lhe pediram para avaliar sua confusa campanha presidencial de 1982, confessou um ponto fraco:

"Ah, a visão."

De qualquer modo, a palavra "visão" estava quase morta. Sendo pragmáticos por necessidade e geralmente por natureza, a maioria dos executivos lutava com a idéia de criar uma visão — em parte em função da própria palavra.

> A definição de visão do *Random House Dictionary* of the English Language: "*Uma experiência, geralmente considerada benéfica ou significativa, na qual uma personagem, coisa ou evento surge de modo vívido ou crível na mente, embora não de fato presente, sob a influência de uma ação espiritual, divina ou não, ou de uma condição psicológica ou fisiológica. Cf. alucinação. Nós não concordamos com ela.*

Nós equiparamos visões a fantasias, castelos no ar e alucinações, a Ebeneezer Scrooge em *Um conto de Natal* e suas visões dos fantasmas natalinos. É claro que os fantasmas de Scrooge eram irreais, como costumam ser as visões.

Contudo, as empresas abominam o irreal, em parte porque os desafios reais são grandes o suficiente. As visões parecem não práticas, etéreas e irreais. Você deve mudar isso modificando a palavra.

Deve renomear sua *visão*.

Um nome diferente deixará mais claro para os outros o que uma visão é e o que faz. Para encontrar esse novo termo, vamos definir essas duas palavras controversas: "missão" e "visão".

Uma missão é seu maior objetivo, o impacto social mais amplo que você deseja ter. A missão da Merck é melhorar a saúde humana; a da Disney, dar alegria; a da Lettuce Entertain You, proporcionar às pessoas um momento agradável; a da Greene Espel, fornecer uma comunidade para advogados e clientes talentosos.

Em contrapartida, as visões são egoístas. *São suas aspirações a longo prazo para seu negócio*, não para aqueles a quem poderia servir, como, por exemplo, ser o mais bem conceituado, lucrativo ou confiável. As visões não envolvem um objetivo maior e a missão de ajudar a humanidade, embora concretizá-las possa ter esse efeito adicional.

Para ilustrar, John F. Kennedy certa vez expressou claramente uma de suas visões, ou de seus objetivos, para o grupo que liderava, os Estados Unidos: enviar um homem à lua. Ele sabia que esse objetivo era enorme e que a emoção de alcançá-lo inspiraria e animaria todos os americanos. Essa era a visão dele: a América levará um homem à lua.

Por trás da visão corajosa de Kennedy havia uma missão, um objetivo maior: criar um mundo sem guerra. Certo de que as intenções da América sempre seriam pacíficas, ele acreditava que a lua daria aos Estados Unidos uma vantagem militar tão grande que outras nações negociaram a paz em vez de pensar na guerra.

Um homem na lua era a visão de Kennedy; a paz mundial era a missão dele.

Chame a sua visão daquilo que uma boa visão significa. Chame-a de "Nossos objetivos de negócios".

Se você quiser um termo mais inspirador, experimente "Nossa meta" ou "O que seremos". Se preferir algo mais concreto, tente "Nossa empresa em 2010". Escolha algo prático e sério.

Então identifique esse objetivo concreto — e tenha altas ambições. Um objetivo modesto inspirará um esforço modesto, tornará o percurso menos excitante e diminuirá a emoção de atingir seu objetivo. Se Kennedy tivesse articulado as visões relativamente modestas de "Uma mulher no Everest" ou "38% de melhora na balança comercial", não teria inspirado os americanos ou aumentado o prestígio dos Estados Unidos no mundo.

Objetivos corajosos e, contudo, atingíveis e concretos — como "Um homem na lua" inspirarão as paixões de sua equipe, particularmente se você os apresentar de um modo que enfatize que são corajosos, em vez de clichês corporativos.

Crie e comunique sua visão, mas renomeie-a.

A fortuna prefere os corajosos

Quando um admirador o elogiou por *Walden*, Henry David Thoreau insistiu que um feito maior estava ao alcance de todos. "Influir na qualidade do dia", disse Thoreau, "é a mais elevada das artes."

O autor de outro trabalho famoso — um adesivo de pára-choque — apresentou uma variação do comentário de Thoreau: "Realize atos aleatórios de bondade."

Cada um desses homens ofereceu um ponto de partida para definir o objetivo de seu empreendimento. O que você pode fazer para melhorar a vida das pessoas? O que elas adorariam? Isso poderia ser importante quando você se fosse?

As respostas para essas perguntas — que poderiam influir no cotidiano das pessoas — são seu objetivo. E embora essas respostas possam parecer corajosas e grandiosas, esse é exatamente o ponto: são as afirmações corajosas e grandiosas que inspiram pessoas, atraem clientes e dão sentido à vida humana, muito depois de o dinheiro ter sido contado.

Ao criar sua declaração de objetivo, tenha altas ambições.

O insight de Laurel Cutler e Ian Schrager

"O que é agradável não está em lugar nenhum", disse certa vez a famosa profissional de marketing Laura Cutler. "Você não espera que todos gostem do que faz."

"Espera que 10 por cento das pessoas o adorem."

"A controvérsia", observou a talentosa profissional, "é o segredo de um bom nome. As pessoas adoram o exuberante e o inesperado."

Ian Schrager fundou e dirige uma revolucionária cadeia de hotéis, inclusive o Paramount e o Royalton, de Nova York. Seus hotéis são o que as pinturas de Salvador Dalí representam para a arte — nem todos gostam. Schrager os cria explicitamente para um em 25 viajantes. "Eu não me importo se 24 os desprezam", disse ele.

"Desde que um em 25 os adore."

Um profissional de marketing pode se dar ao luxo de ser tão provocador? Você pode abrir mão de 96% do público?

Aparentemente, os hotéis de Schrager auferem um lucro líquido de mais de 20 milhões de dólares por ano.

Se todos se sentem confortáveis com sua idéia, ela não é uma idéia. É uma imitação. Vá além, na direção de algo como uma impressão digital — tão distintivo que ecoe fortemente em alguns.

Evite o "agradável".

Faça perguntas como um padre

Um homem se sente culpado de um pecado e vai a uma Igreja católica. Abre a porta do que parece um armário de madeira e se senta. O paroquiano não consegue ver o padre, oculto por uma tela. O homem começa a confessar seu pecado.

Por que a Igreja escolhe esse ritual incomum?

Porque sabe que o ritual encoraja as pessoas a falarem sinceramente. A tela protege seu anonimato. Sem esse anonimato, as pessoas se tornarão menos abertas e sinceras.

Por exemplo, ponha uma pessoa em um grupo de foco e o que ela se tornará? Alguém apreciado, respeitado ou temido — de acordo com seu objetivo.

Ela se tornará outra pessoa.

Coloque-a diante de um entrevistador e você obterá um resultado parecido. Em vez de falar sinceramente, ela tentará causar uma determinada impressão — como milhões de eleitores fizeram nos Estados Unidos, em 1980. Querendo parecer generosos, eles disseram aos entrevistadores que votariam em Carter. Então foram para o esconderijo de suas cabines eleitorais e votaram em Reagan.

Certifique-se de que seus entrevistados não poderão ver seus entrevistadores. (E de que serão informados de que seus nomes serão mantidos em segredo.) Como os padres ocultos, os entrevistadores anônimos obterão respostas mais verdadeiras.

Muitas pessoas gritam ou desligam o telefone diante dos profissionais de telemarketing. Elas não se importam de parecer mal-humoradas porque não podem ser vistas. De igual modo, os clientes entrevistados por telefone falam de um modo mais crítico do que os entrevistados pessoalmente. O cliente ao telefone não teme parecer impaciente, zangado, arrogante e até mesmo neurótico.

Para obter a verdade, use entrevistas telefônicas feitas por terceiros independentes. Como o padre por trás da tela, esses terceiros obterão respostas sinceras e você terá insights mais precisos de seus possíveis e atuais clientes.

Para obter a verdade, use o telefone.

Os clássicos dos negócios

Algumas respostas-chave para suas perguntas de marketing não estão onde você pensa. Estão nos corações e nas mentes dos clientes, que são seres humanos racionais, esperançosos e temerosos, animados e desanimados. Como são humanos, a pergunta "Do que os clientes gostam?" pode ser feita de um outro modo:

Do que as *pessoas* gostam?

Essa pergunta aponta para uma direção melhor. Faz-nos ir além da área dos negócios, em que encontramos livros sobre "clientes", e chegar ao campo da Literatura, em que nos deparamos com clássicos sobre pessoas.

Afinal, quem na história entendeu melhor o caráter humano? A maioria dos especialistas concorda com a resposta.

Foi Shakespeare. Autores de livros de citações dedicam mais páginas às palavras de Shakespeare do que às de qualquer outro autor, e por um bom motivo: ele tinha mais a dizer. Seus personagens, agora lendários — como Hamlet, Otelo, Iago e Falstaff —, viviam em outros séculos e, contudo, você pode encontrá-los no mundo atual. São tipos clássicos que nos ajudam a entender melhor as pessoas desses e de outros tipos — afinal, há um pequeno Hamlet ou Iago em todos nós; um pouco de melancolia em um momento, vingança e esperteza no outro.

Classificamos as peças de Shakespeare de atemporais porque seus insights o são; suas observações sobre as pessoas são tão pertinentes agora quanto eram na Inglaterra elisabetana.

Para ilustrar a capacidade da ficção de fornecer os insights de que você precisa, imagine que seu público-alvo consiste em "mulheres suburbanas ambiciosas e em ascensão social que trabalham com vendas".

Comece pelo início: o que significa "ambiciosas" e como você chega a essa característica? Pode ler eternamente pesquisas de mercado sobre "pessoas esforçadas" e nunca obter insights tão bons sobre a ambição quanto em *Sister Carrie*, de Theodore Dreiser, e *O grande Gatsby*, de F. Scott Fitzgerald, escritos décadas atrás, mas ainda extremamente atuais.

O que significa seu possível cliente ser "suburbano"?

Você poderia se valer de estereótipos rudimentares — ou ler as melhores descrições já feitas da vida nos subúrbios: o livro *Coelho se cala*, de John Updike, e o misterioso *Bullet Park*, de John Cheever. Também poderia estudar dez perfis de vendedores famosos, inclusive o típico perfil de Myers-Briggs, e aprender muito mais com três cenas de *A morte do caixeiro viajante*.

Seu possível cliente é professor universitário? Leia *Muu*, de Jane Smiley ou *Crossing to Safety*, de Wallace Stegner. (*Quem tem medo de Virginia Woolf?* também revela um lado desse estilo de vida.)

Trabalha com alta tecnologia? *Microsservos,* de Douglas Coupland.

Vive em Manhattan? *Slaves of New York,* de Tama Janowitz.

É afro-americano? *Waiting to Exhale,* de Terry Mc-Millan.

Esses ótimos autores passaram anos fazendo a pergunta em meio às ciências humanas: o que significa ser humano? As respostas deles ajudam você a encontrar as que você busca para a pergunta-chave deste livro: "Do que os clientes gostam?"

Em 1996, perguntei a 18 altos executivos e consultores de negócios quais eram os melhores livros de negócios já escritos. Surpreendentemente, apenas três foram mencionados mais de uma vez. *Em busca da excelência* e *My Life with General Motors* apareceram, cada qual, duas vezes, como apareceu o terceiro e mais surpreendente título nas listas deles. Tratava-se de um épico que tinha mais de 1.100 páginas e havia se transformado em uma minissérie na qual nenhum personagem realizava negócios, pelo menos como os ocidentais o definem.

O livro em questão era *Shogun,* um romance de James Clavell ambientado no Japão.

Os dois homens que mencionaram *Shogun* sabiam que uma das chaves para realizar um negócio era entender as pessoas, e essa ficção é cheia de fatos sobre esse tema.

Os romances revelam o que os clientes gostam.

Para entender de negócios, examine a Literatura.

O que a Osborn Drugs e a Target lhe dizem

A Osborn Drugs em Miami, Oklahoma, foi pioneira no uso comercial da internet. Em 1996, criou um site fácil de usar, fez uma boa divulgação e esperou o dinheiro entrar rapidamente.

Mas ele veio rastejando.

O site produziu um crescimento modesto — cerca de 5% ao ano. Mas o mais significativo foi de onde vieram esses 5%: 90% das pessoas que usavam o site já eram clientes.

No final das contas, o site não mudou o negócio da Osborn Drugs. Apenas o ajustou, fazendo com que alguns clientes da loja passassem a comprar on-line.

A Osborn Drugs aprendeu que, para a maioria das empresas, a internet não é uma grande ferramenta de marketing. Ela só cria mais um meio de comunicação e um canal de distribuição que pode atrair alguns novos clientes e ajudar a satisfazer os atuais.

Para nove entre dez empresas, a internet é uma ferramenta de serviço de atendimento ao cliente.

As lojas da Target parecem idealmente adequadas ao marketing de internet. Oferecem bons produtos primários, de chocolates da Jolly Ranchers a móveis de jardim, a ótimos preços. Além disso, a Target tem administrado sua marca tão bem que tornou as compras com descontos sofisticadas e seus produtos de baixo custo são sinônimo de qualidade — o que foi uma façanha.

"Esta é minha maior frustração: todos os clientes convencidos dessa demanda contida por seus serviços explodirão no dia em que tiverem seus sites."
— Consultor de TI, Dallas.

Portanto, a Target é uma empresa que deveria prosperar na Web. Mas ouça o que seu CEO previu. "A internet surgirá", disse Robert Ulrich, "como um bom canal de compras em certas categorias."

Note essas palavras. Não um *grande* canal em todas as categorias ou um bom canal na *maioria* das categorias, apenas um "bom" canal em "certas" categorias.

Ulrich acrescentou que a internet oferecia um potencial limitado para o volume de vendas e o lucro — um ponto de vista compreensível, dado que as lojas da Target atualmente vendem mais que toda a operação de internet da empresa.

Obviamente há uma aplicação infalível da internet para uma empresa em particular: os sites que permitem aos compradores comparar preços de produtos primários praticamente idênticos. Um exemplo disso é um site que permite comparar materiais de construção que variam de pregos e cimento a madeira e vidro. Se uma empresa baseada na Web pode ser bem-sucedida, é essa.

> *A internet realmente fornece um ótimo canal para um setor: as associações de ex-alunos de universidades. Torna possível bate-papos e seminários on-line, mensagens e busca de velhos amigos, para citar apenas alguns usos. Também ajuda a eliminar um obstáculo ao sucesso desses clubes: a distância. Pelo menos 90% dos membros típicos das associações de ex-alunos vivem longe demais do campus para participar de suas atividades.*

Contudo, esse negócio foi tentado e bem executado, mas fracassou.

O motivo revela a extensão do negócio: "Preços baixos não bastam", disseram muitos clientes depois que esses sites fracassaram. "Nós queremos bons produtos, de pessoas em quem confiamos, entregues pontualmente."

Ano 2001 Beckwith Partners	
Estimativa de perguntas sobre novos negócios	Total
De todas as fontes:	325
Do site da empresa:	3

A internet não é o seu negócio. Ela meramente apóia os princípios básicos do negócio — os quais não pode mudar.

A internet é meramente uma ajuda, nunca a resposta.

Nova economia, mesmas pessoas

A psicóloga Judith Badwick descreveu perfeitamente nosso mundo: "A economia é nova", disse ela "Mas as pessoas são velhas."

Nós ainda adoramos o que podemos ver e sentir. Preferimos o tangível ao intangível. Os golfistas, por exemplo, aprenderam que não se pode jogar "virtualmente" no campo de golfe de Pebble Beach. Como a gravidez, é algo que se pode experimentar ou não. Você deve experimentar Pebble Beach em si: nada chega perto disso.

O virtual nunca satisfaz nosso apetite pelo real, somente o desperta.

Nós adoramos o real e resistimos ao falso. Detestamos, por exemplo, anúncios em que dois atores que presumivelmente nunca lavam as próprias roupas elogiam um novo sabão em pó. Ficamos perplexos quando o Sr. Robinson disse ao recém-formado Benjamin Braddock que o futuro estava em uma palavra: "Plásticos."

Nós rimos do Sr. Robinson: plástico, falsificação, artificial, irreal — tudo que desprezávamos.

Por enquanto, a tecnologia da informação afeta poucos milhões de serviços, dos de corte de gramados a corte de cabelos. Nesses negócios, a internet funciona como um telefone — uma simples ferramenta de comunicação — e um folheto eletrônico. Ela mudou um tipo de negócio: tudo que envolve vendas de produtos intangíveis, como ações e seguros de automóvel. Reduz o tempo e os custos do vendedor-corretor e permite que certos negócios prosperem, como os serviços de corretagem e as livrarias.

"Os pontos de inflexão estratégica — tecnologias realmente revolucionárias e contestadoras — são extremamente raros."
— Michael Porter, Harvard Business School

Mas, além desses serviços, a internet mudou poucos.

Pense na consultoria de marketing, que parece bem apropriada para uma mudança da internet. A internet permite ao cliente escolher, contratar, mobilizar e trabalhar com esses consultores sem nunca vê-los. Contudo, esses consultores voam mais agora do que nunca, e encontram seus clientes pessoalmente com mais freqüência.

As pessoas nessas empresas aprenderam que o contato eletrônico, em vez de melhorar os relacionamentos entre clientes e consultores, pode piorá-los. O contexto comunica intensidade — mas os e-mails são desprovidos de contexto. Faltam nuances e ênfases; uma mensagem direta pode parecer fria; sua piada sutil corre o risco de ser mal interpretada porque o ouvinte não *vê* que você não está falando sério.

A mensagem eletrônica parece impessoal.

Logo, o relacionamento também começa a dar essa impressão.

A internet dá, mas também tira. Fazendo-nos achar que a comunicação eletrônica pode substituir o contato pessoal, leva-nos a negligenciar nossos relacionamentos — o que não podemos fazer.

Você deve se tornar mais pessoal.

QUATRO ELEMENTOS BÁSICOS

A enorme Orange e o fusca amarelo-canário: comunicações claras

Tendência-chave: Sobrecarga de opções e informações

Este é o melhor dos tempos, e o pior dos tempos. Dickens descreveu a Londres do século XVIII, com essas palavras em *Um conto de duas cidades*. Mais de dois séculos depois, elas ainda parecem se aplicar à nossa vida. Contudo, nosso problema é outro. Ao contrário das personagens de Dickens, não sofremos por ter muito pouco. Sofremos por ter demais.

Freud sugeriu isso em *Civilization and its discontents*. Vivendo em nossa era de relativa abundância, Freud notou que faltava algo: a felicidade. Nós nos tornamos mais civilizados e menos felizes.

Realmente isso não é de admirar. Tentamos passar de cavernas e fogueiras para casas de vários andares e cozinhas bem-equipadas, e sobreviver a revoluções enquanto progredíamos por meio da evolução, pouco mudados em relação a nossos ancestrais de 2 mil anos atrás.

Rastejamos, e a vida passa rápido.

Nossa abundância nos esmaga. Na década de 1970, podíamos comprar um telefone comum ou Princess, preto ou cor de abacate, para ser usado sobre a mesa ou na parede. Essas eram as nossas opções.

Hoje nossas escolhas parecem infinitas; ninguém entende todas elas. Chamada em espera, redirecionamento e identificador de chamadas, interfone, internet sem fio, Sprint, ATT, Qualcomm? Cinqüenta horas? Quinhentas horas? O que é melhor? Devo usar DSL? Espere: o que *é* DSL?

Olhe saudosamente para a década de 1970. Um típico americano de classe média tinha uma conta-corrente e uma poupança, seguro de vida e talvez alguns títulos, ações e terras.

Compare isso com hoje: títulos e ações, fundos de pensão e afins, planos de previdência e pecúlio programas de benefícios futuros e definidos, fundos fiduciários que concedem empréstimos para fins de caridade, trustes Clifford e outros, seguros resgatáveis em vida (variáveis ou invariáveis), compensação diferida não qualificada, milhares de fundos — inclusive de carga e sem carga, indexados e não indexados, multimercado e de ações. As opções se tornaram subopções, multiplicando-se como ratos, confundindo até mesmo os especialistas. Um executivo de uma empresa de seguros resgatáveis em vida, por exemplo, me confessou recentemente que não pode se manter atualizado sobre eles. Então como pode o restante de nós entender esses seguros *e* milhares de outras opções?

Nós não podemos. Por isso, não nos damos o trabalho de tentar.

Número de fundos mútuos dos Estados Unidos:

1984:1.241
1999:7.791

Pense em algo tão velho e aparentemente simples como a música — e no pobre consumidor de música e no varejista. Este ano as gravadoras lançarão no

> *A paralisia da opção tecnológica: esse fenômeno é nomeado por Douglas Coupland em seu famoso livro* X Generation, *em que um possível cliente de um computador encontra tantas opções que se sente paralisado e não compra nada. Pesquisadores da Stanford University descobriram recentemente que sofremos dessa paralisia até mesmo com produtos simples. Deparando-se com algumas variedades de geléias e gelatinas, a maioria das pessoas compra pelo menos um vidro. Porém, quando lhes são oferecidas mais opções, geralmente elas saem de mãos vazias.*

mercado mais de 21 mil títulos — quase sessenta por dia. Quem pode acompanhar isso? Ninguém. Uma grande banda sem reconhecimento e sem um caro trabalho de relações públicas pode pôr seu nome na capa da *Rolling Stone* e ficar em evidência para varejistas, estações de rádio e, mais importante, o comprador, que poderia adorar seu CD? Dificilmente.

Sobrecarga.

Os possíveis clientes mudaram devido à sobrecarga de opções. Sabendo que não podem conhecer e entender todas elas, eles escolhem cada vez mais a pessoa mais confiável e aparentemente competente — ou não escolhem ninguém.

"Você parece uma pessoa boa e honesta que sabe do que está falando", conclui o cliente. "Está contratado." Os clientes de hoje não podem escolher serviços e produtos — não podem reunir todas as informações.

Então escolhem pessoas.

Assim como estamos sobrecarregados de opções, estamos inundados de informações. O *New York Times* recentemente estimou que somos expostos a 3.200 mensagens comerciais todos os dias. Vemos anúncios nas areias das praias e nos cantos das telas de TV. Logo ligaremos a televisão para ver o notíciário e veremos um robô russo na Lua. Ao seu lado, duas palavras:

Radio Shack.[1]

Ou talvez não vejamos essas palavras. Um grande logotipo da Microsoft poderia estar encobrindo-as. (Uma agência de publicidade inglesa planeja tornar isso possível usando lasers para projetar anúncios na Lua.)

De volta à Terra, a cidade de Atlanta recentemente pensou em vender seus nomes de ruas para corporações. Imagine a esquina da Bell South com a Coca-Cola, onde o armazém apresenta um andar com a imagem, do tamanho de um tiranossauro rex, da atriz Jasmine Bleeth com um bigode de Got Milk?

Mensagens, mensagens em toda parte. Em 1970, havia 334 jornais matutinos na América; hoje há 736. Em 1996, o usuário típico de TV a cabo escolhia entre 47 canais; hoje são 55. Há cinqüenta anos ouvimos dizer que a televisão acabaria com o rádio, mas os Estados Unidos acrescentam novas estações de rádio em um ritmo de quase uma por dia e mais de 11 mil no total.

Mensagens, mensagens em toda parte. Em 1472, uma pessoa que lia um livro por mês podia ler todos os livros da melhor biblioteca de universidade do mundo (Queens College, em Cambridge, Inglaterra) em menos de vinte anos; a gigantesca coleção continha 199 livros. Hoje as empresas americanas publicam quase trezentos livros *por dia*.

Mensagens, mensagens em toda parte. Elas nos perseguem em aviões esperando para decolar e em

---

[1]Rede de lojas de artigos eletrônicos nos Estados Unidos. (*N. da T.*)

Quatro elementos básicos

jogos de basquete. Seu cerco nos força a ouvir seletivamente e, quando o ruído aumenta, a parar de ouvir totalmente.

Pense em uma experiência correspondente. Se você encontra uma pessoa em uma festa, tenta se lembrar do nome dela. Se encontra seis pessoas de uma vez, acena com a cabeça quando as ondas sonoras atingem seu ouvido, mas não tenta se lembrar dos nomes delas. Sobrecarga.

Seus possíveis clientes estão chegando a um ponto de saturação parecido, o que significa que, a menos que você consiga avançar em meio a esse ruído e chegar ao coração deles, será como se estivesse sussurrando em um furacão. Ninguém ouvirá.

Ninguém quer ouvir; a torrente de palavras inundou todos nós. Como disse o economista ganhador do prêmio Nobel, Herbert Simon, uma riqueza de informação cria uma pobreza de atenção. Quanto mais há para ouvir, menos ouvimos.

Quanto mais as informações proliferam, mais há contradições e, com elas, mais confusão. As informações nos dizem que os pneus Acme são perfeitamente seguros e que esses mesmos pneus são perigosamente defeituosos; que as ações das empresas de tecnologia são uma mina de ouro e um desejo de morte; que Tom Cruise está saindo com outra mulher ou outro homem. Nós temos mais informações e mais confusão, mais dados e menos confiança.

Estamos nos afogando em informações e implorando por conhecimento.

Os claros especialistas — aqueles com insight, sabedoria e conhecimento — prosperarão, porque nos ajudam a filtrar os ruídos — ou simplesmente nos asseguram de que não precisamos ouvir. Podemos simplesmente ouvi-los.

Essa complexidade e esse ruído influem de outro modo nos possíveis clientes. Na vida, como na física, as ações inspiram reações iguais e opostas. A crescente complexidade nos faz ambicionar o que é simples. Pense na história reveladora do livro *Simple Abundance* e suas seqüências. Quinze anos atrás, Sarah Ban Breathnach apresentou a idéia desses livros para dezenas de editoras, que a rejeitaram. Quem se interessava por simplicidade naquela época? Ninguém.

Quem se interessa por simplicidade agora? Ao que parece, quase todo mundo: os livros dela venderam mais de 6 milhões de cópias.

O presente pertence àqueles que conseguem escolher em meio a essa abundância de opções e informações — aos que simplificam, filtram e esclarecem.

Vamos ver como você poderia se juntar a eles.

Seus possíveis clientes: todos estão falando diante deles

Nós estamos no mundo de *Perdidos na noite*. Nesse filme, Jon Voight faz o papel de um simplório texano em Nova York. Enquanto ele caminha pelas

QUATRO ELEMENTOS BÁSICOS   75

ruas da cidade, uma canção capta o sentimento de ser uma pessoa simples em um mundo cada vez mais complicado.

Ele ouve as palavras "todos estão falando diante de mim".

O que acontece quando todos falam diante de você? As próximas palavras da canção respondem isso:

"Eu não ouço uma só palavra do que dizem."

Ninguém pode ouvir quando todos estão falando. Por isso, todos param de ouvir. Isso tem várias implicações.

A primeira é não falar quando todos estão falando. Anuncie onde seus concorrentes não anunciam, para que sua mensagem seja diferente da que as pessoas estão ouvindo.

A segunda é falar pouco. Um único ponto é assimilado. Uma grande quantidade de mensagens se transforma em algo confuso que ninguém absorve.

A terceira é falar visualmente. Com freqüência não conseguimos ouvir as palavras, mas notamos imagens, especialmente as cativantes.

A quarta é fazer cada palavra ter importância. Se as pessoas aprenderem que suas comunicações raramente dizem algo, pararão de ouvir, mesmo quando você *realmente* tiver algo a dizer.

Para ser ouvido, você deve dizer algo diferente, simples e visual.

O surgimento de imagens

Como muitas palavras perderam seu valor, a empresa que deseja crescer deve usar duas armas: as ações e as imagens.

As ações sempre falaram mais alto do que as palavras, e agora que as afirmações se tornaram mais suspeitas, essa lacuna ficou ainda maior.

Suas ações são suas mensagens.

Por isso, pergunte: Como devemos agir para transmitir nossa mensagem e qualidade? O que devemos *fazer*, desde nosso primeiro telefonema de acompanhamento à apresentação? Então imagine que você tem de vender ao cliente sem usar palavras. Que imagens usaria?

Como se vestiria para ir ao encontro dele?

Não se importe com as palavras — como você age e aparenta?

Os efeitos placebo do marketing

Você acha que uma pílula o fará se sentir melhor e, por isso, ela o faz. É o famoso efeito placebo.

Esse efeito vai além da medicina e você se depara com ele todos os dias.

QUATRO ELEMENTOS BÁSICOS 77

Você entra em uma sala de espera e pensa: "Esta deve ser uma boa empresa." E, por isso, é. Encontra uma possível gerente para seus investimentos e conclui que ela parece inteligente. E, por isso, ela é.

Você é cercado de efeitos placebo e sua constante alquimia. Nós temos as experiências que esperamos ter, baseados em nossas percepções que as precederam. As percepções criam nossas expectativas — e estas influem tanto em nossas experiências que podemos dizer:

Nossas expectativas mudam nossas experiências.

Os cientistas sociais chamam isso de Teoria da Expectativa. As pessoas experimentam o que esperam experimentar e vêem o que esperam ver. Nosso desafio no marketing, especialmente no que diz respeito ao invisível, é moldar essas expectativas. Precisamos administrar os efeitos placebo.

Você cria a expectativa de que será habilidoso e confiável? Seu cartão de visita transmite isso? E as pessoas que atendem seus telefonemas?

Sua propaganda o distingue? Você parece melhor, mais inteligente e bem-sucedido? Sua sala de espera é melhor do que a de seu concorrente? O que pode-se perceber por meio de sua pasta para papéis? Seus materiais são feitos de matéria-prima de primeira qualidade?

Seu site é inteligente, rápido e claro?

No mundo de efeitos placebo, como são os seus?

Estude tudo que possa influir na percepção de sua qualidade — e o torne excelente.

Observe e administre seus efeitos placebo.

Os julgamentos rápidos
enganam

Você vê um videoclipe de dois segundos de um possível fornecedor de serviços. Então lhe pedem para avaliá-lo a partir de uma lista de verificação popular.

E se em vez disso você assistir a um clipe de cinco ou dez segundos? Mais informações o levariam a uma avaliação diferente?

Agora, e se você, após ter terminado essas avaliações, trabalhasse com Will durante três meses? Suas avaliações seriam diferentes de seus julgamentos rápidos, às vezes feitos em segundos? Sua resposta: "É claro que sim." Esses meses a mais o levariam a uma avaliação mais baseada em informações e mais exata.

Não, não levaria. Sua avaliação mais baseada em informações se pareceria com seu julgamento rápido de dois segundos.

A psicóloga Nalini Ambady, de Harvard, descobriu isso quando pediu a estudantes universitários que avaliassem um professor depois de verem um videoclipe de dois segundos dele em ação. Mais tarde ela lhes pediu que avaliassem o professor depois de verem videoclipes de cinco e dez segundos. As avaliações dos estudantes não mudaram.

Então a Dra. Ambady esperou pelo fim do semestre, quando pediu aos estudantes que preenchessem a avaliação de 15 pontos. Todo o semestre teve pouco efeito. As opiniões dos estudantes no final do semes-

QUATRO ELEMENTOS BÁSICOS 79

tre foram muito parecidas com as que foram feitas após os videoclipes de dois, cinco e dez segundos.

Isso sugere que estamos errados em dizer que as primeiras impressões meramente duram. Elas são *eternas*. Como observou Malcolm Gladwell a respeito da pesquisa de Ambady, as primeiras impressões se tornam profecias que se cumprem. Nós fazemos julgamentos imediatos sobre as pessoas e depois fazemos com que tudo se encaixe neles.

Os primeiros segundos são cruciais. Ensaie-os e peça a outras pessoas que o ajudem a se preparar para eles: com a roupa certa, os materiais certos, o relógio certo e a mensagem-chave certa. Os primeiros segundos determinam cada segundo — e mês — subseqüente.

Domine os primeiros segundos.

O humanista e o estatístico

As primeiras impressões das pessoas são repletas de estereótipos que você deve controlar.

O Sr. Gladwell encontrou um exemplo impressionante na pesquisa de Ambady. Ela deu aos estudantes uma informação adicional. Para o grupo um, identificou o professor como sendo de estatística. Para o grupo dois, como sendo de psicologia humanística. O mesmo professor, o mesmo videoclipe e um título diferente.

As avaliações dos estudantes também mudaram. O professor de estatística era "frio, rígido, distante, meticuloso e tenso". Mas o que aconteceu quando o mesmo homem foi rotulado como "psicólogo humanista"?

Os estudantes disseram que ele era "cordial, muito preocupado em ajudar os alunos e um grande homem".

Contudo, ele era o mesmo homem — "frio, rígido e distante". O que leva a uma regra crítica do marketing.

Os estereótipos das pessoas — sobre você e sua área de atuação — se tornam as opiniões duradouras a seu respeito.

Pense no problema dos planejadores financeiros. Durante décadas carregaram o peso de seu rótulo. As pessoas detestam planejamento — tanto a idéia quanto a palavra. Planejar parece tedioso e difícil. Parece que produz passos que as pessoas devem seguir, tirando-lhes a liberdade. Ao mesmo tempo, a palavra "financeiro" lembra os possíveis clientes de um assunto particular e delicado: o dinheiro. As pessoas mal entendem como o dinheiro poderia ser melhor utilizado — e você lhes pede para planejar algo em torno disso?

As palavras "planejamento financeiro" afugentavam os possíveis clientes.

Um antigo advogado que se tornara diretor de criação/redator de propaganda certa vez aprendeu sobre o peso dos estereótipos quando apresentou uma proposta de campanha publicitária para um fabricante de monitores de computador. O diretor de marketing do fabricante adorou a campanha. Ele a elogiou várias vezes durante a apresentação, e dois dias depois telefonou para o diretor da agência para anunciar que havia escolhido outra empresa.

O patrão do ex-advogado reagiu a essa notícia como era de se esperar.

— Mas achei que você tinha adorado a campanha! — disse ele. — O que deu errado?

— Nada. Ela era muito criativa; a melhor que já vi. Ótima!

— Então por que escolheu outra agência?

— Porque simplesmente não creio que um advogado possa ser criativo.

Fique atento a seus rótulos e suas características e se pergunte que imagem poderiam divulgar sobre sua empresa. Pergunte se despertam estereótipos ou reações negativas e procure rótulos alternativos que dêem impressões melhores — ou estereótipos mais favoráveis.

Estude cuidadosamente suas características e considere mudá-las.

A brilhante Orange francesa

Após ler sobre gravadores de vídeo digitais[1] por dez meses, Leon Joseph decidiu que era hora de comprar.

Ele entrou na seção de videocassetes de sua loja de eletrônica favorita em TriBeCa, em Nova York.

---

[1]DVRs, digital video recorders. (*N. da T.*)

Não encontrou nenhum DVR. Onde eles estavam? Na seção de música: a primeira pista de Leon.

Ele encontrou os dois aparelhos mais famosos e pediu ao vendedor para explicar as diferenças. Ele não foi capaz; não tinha a menor idéia de como cada aparelho funcionava. Em uma estranha troca de função, Leon acabou explicando os produtos para o vendedor.

Trata-se de um caso de mau atendimento? Talvez. Os DVRs estavam nas prateleiras havia quase um ano — tempo suficiente para todos os vendedores aprenderem sobre eles.

Contudo, a experiência de Leon oferece outro exemplo de complexidade — e da necessidade de as empresas lidarem com ela.

A loja favorita de Leon e todas as outras empresas deveriam se inspirar no enorme sucesso da Orange[1], a empresa internacional de telecomunicações com um nome bem escolhido. As experiências pessoais de seus executivos com serviços telefônicos, reforçadas por suas entrevistas com usuários de telefone, convenceram a empresa de que seu ramo tinha um problema. A enorme quantidade de planos de vendas confundia os clientes.

A Orange reagiu. Eliminou todos os planos, exceto um.

Então a Orange continuou a simplificar. Por exemplo, deu a cada cliente apenas um número e uma pessoa para contactar para o serviço.

Essas inovações ajudaram a Orange a manter os clientes atraídos pela poderosa mensagem de sua

---

[1]Laranja, em português. (*N. da T.*)

marca: "O futuro é brilhante. O futuro é Orange." As pessoas gostaram tanto da simplicidade da Orange que a taxa de fidelidade de clientes da empresa se tornou o dobro da média.

As Oranges dessa economia desenvolvida florescerão porque a clareza e a simplicidade confortam os Leon Josephs — pessoas sobrecarregadas de opções e informações —, ou seja, todo mundo.

Simplifique tudo.

Lições dos estádios de Stanford

Há vinte anos, isso nunca teria acontecido.

Quando Gerhard Casper deixou de ser presidente da Stanford University, na primavera de 2000, um observador experiente da universidade poderia ter previsto que seu último ato seria iniciar um grande esforço para levantar fundos ou doar cátedras.

Em vez disso, Casper anunciou que, com um prejuízo anual estimado em mais de 1,5 milhão de dólar, a Stanford estava banindo toda propaganda nas áreas de basquete e futebol.

Casper falava em nome de milhões de pessoas. Ele ansiava por zonas livres de mensagens.

Os americanos adoram a liberdade. Não desejam interferências governamentais. Na verdade, desejam tanto ser deixados em paz que a Constituição americana é a única do mundo que os especialistas estudam para criar um direito à privacidade.

Os habitantes do Oregon expressaram claramente esse desejo quando promulgaram as primeiras leis do país banindo outdoors. Eles queriam contemplar a grande beleza natural de seu estado. Queriam para o Oregon o que queriam para si mesmos: que fosse deixado em paz, não poluído por exigências de dinheiro ou atenção.

A história do Oregon diz aos profissionais de marketing algo sobre os possíveis clientes. Você não pode se intrometer na vida das pessoas. Quanto mais faz isso, mais as aborrece. Elas adoram privacidade, anseiam por anonimato e desejam ser deixadas em paz. Intrometa-se na vida delas e se arriscará a perdê-las para sempre.

Cuidado com onde você tenta vender.

O que os possíveis clientes sabem

Os possíveis clientes sabem que a Sun Microsystems, a Fidelidy Investments e a State Farm Insurance são empresas excelentes e bem-sucedidas.

Eles sabem porque ouvem falar sobre essas empresas na televisão, lêem a respeito nos jornais e vêem anúncios em revistas e na TV.

O que as pessoas sabem sobre empresas cujos nomes elas vêem apenas em suas caixas de correios? Que lhes mandam lixo postal? Essa frase diz tudo: Elas as associam a lixo.

Por isso, os possíveis clientes sabem algo que você também deveria saber. Eles ouvem falar *de* más empresas e *sobre* boas empresas.

As empresas que anunciam bem se tornam, com freqüência, familiares. A propaganda conforta os possíveis clientes; eles presumem que a empresa deve ser, no mínimo, boa. Portanto, a propaganda esquenta todos os esforços de marketing e vendas que se seguem a ela.

Esquente a mala direta — e todos os esforços de marketing. Anuncie.

Uma palavra importante sobre a propaganda boca a boca

"Nós percebemos que o boca a boca é a melhor propaganda", anuncia o CEO na reunião anual no Ritz-Carlton, em Naples, Flórida. "Nosso desempenho impulsionará nosso sucesso. Por isso, é nele que concentraremos nosso marketing."

No ano seguinte, a empresa se reuniu em um hotel considerado "espartano", em um lugar que muitos participantes chamavam de "Sibéria".

A teoria por trás da propaganda boca a boca faz sentido: tenha um desempenho brilhante e todos comentarão.

Mas em grande parte por causa das mudanças em nossa cultura, a propaganda boca a boca — com notáveis exceções, como a publicação de livros — se tornou a forma de marketing mais sobreestimada.

Apenas duas gerações anteriores, a maioria dos habitantes das cidades americanas vivia nelas havia anos, freqüentemente com pais e avós por perto. Gerações de famílias conheciam gerações de outras famílias, criando as redes pelas quais a propaganda boca a boca era transmitida.

Agora, olhe ao redor. Os pais se aposentam e se mudam para "um lugar mais calmo". O resto de nós vai para onde estão as oportunidades; em um ano para o Research Triangle, no outro para Nova York ou Austin.

Nossa mobilidade nos leva para longe dessas velhas redes e para cidades onde ninguém parece ter vindo de outro lugar.

A relativa complexidade de nossa vida também reduz o papel da propaganda boca a boca. Por exemplo, há pouco tempo, quando você precisava de um advogado, um amigo lhe recomendava alguém de um dos dois maiores escritórios de sua cidade. Hoje a concorrência forçou os advogados, como muitos outros profissionais, a se especializar mais — o que significa que o "advogado" que teria sido apropriado trinta anos atrás não é o especialista em direito do trabalho, que é o que você precisa hoje.

Além disso, as pessoas que recomendam tais especialistas freqüentemente não se baseiam em propaganda boca a boca; leram sobre eles na revista ou no jornal local.

Não se trata de propaganda boca a boca, mas de relações públicas — e isso é típico.

Jeanine pede a Karen que lhe recomende um arquiteto. Karen percebe que não tem notícias da Venturi & Pei há meses, o que a surpreende. Temendo não fazer uma boa recomendação, ela não faz nenhuma ou — ansiosa por agradar e parecer bem-informada — sugere o Dr. Meier e o Dr. Diller, indicados por sua equipe de relações públicas.

A propaganda boca a boca presume que os clientes o elogiarão se você tiver um bom desempenho. Mas, hoje, eles correm para casa depois do trabalho e andam numa correria por mais quatro dias. Quando finalmente têm tempo para refletir, se esqueceram da agradável experiência que tiveram com você. Estão sobrecarregados.

E quem elogia um serviço hoje em dia? Quem faz isso em uma festa: "Você devia ver nossa taxa de retorno. Foi ótima!"? Quem pára um amigo na rua e insiste: "Você deve fazer seu check-up no Methodist — o meu foi maravilhoso!"?

Raramente elogiamos. Estamos muito saturados e concentrados em outros fatos. Não nos envolvemos naquelas conversas tranqüilas da década de 1950 por cima da cerca com nossos vizinhos; elas desapareceram com *Ozzie e Harriet*. Se Ozzie estivesse vivo hoje, raramente estaria em casa para conversar — e, se estivesse, o vizinho não estaria.

Essas eram as redes pelas quais a propaganda boca a boca era transmitida. Elas não existem mais. Foram assassinadas pelo progresso.

O declínio desse tipo de propaganda é claro em um ambiente antes dominado por ela: o da administração de bens. Durante décadas, associados do clube de golfe, do quadro de diretores da orquestra sinfônica ou da Junior League escolheram seus consultores baseados nas recomendações de outros associados. Contudo, hoje, raramente um em três clientes ouviu falar em sua empresa de administração de bens por meio de um amigo, colega ou parente. Quase metade tomou conhecimento dela por intermédio da propaganda.

> *Os dados foram extraídos da pesquisa da VIP Forum Survey of Affluent Americans realizada em 2000. É uma fonte valiosa de insights sobre marketing financeiro, particularmente para públicos abastados, e somos-lhe gratos pela generosidade em partilhar os resultados com nossos leitores.*

A propaganda boca a boca está em risco de extinção, e somente as empresas dispostas a sofrer desse problema deveriam se fiar nela ou tentar promovê-la — o que, a propósito, ofende a maioria dos clientes e possíveis clientes.

Esqueça-se da propaganda boca a boca, mas não se esqueça de anunciar. Com o fim desse tipo de propaganda, a convencional se tornou ainda mais importante.

A melhor propaganda é anunciar.

Seu atalho para a sorte grande

Em 1988, escrevi meu primeiro artigo sobre marketing e aprendi uma lição surpreendente.

Baseando-me em minha experiência como advogado e profissional de marketing, escrevi "Is Legal Advertising Different?" [A publicidade legal é diferente?] para a revista *Minnesota Laws & Politics*.

Em outubro daquele ano, uma associada de um escritório de advocacia viu o artigo. A linha em que aparecia o nome do autor chamou-lhe a atenção. Ela me conhecia. Para impressionar o chefe, Cliff Greene, o sócio encarregado do marketing, ela deixou na mesa dele uma fotocópia do artigo.

"Excelente", estava escrito no Post-it. "Conheço o autor e acho que poderia nos ajudar." Greene leu o artigo e me telefonou — e abriu o cofre. Durante anos, o escritório usou meus serviços de consultoria e convenceu outros escritórios a também usarem. O negócio prosperou.

Mas não como ainda iria prosperar.

Em 1994, Greene também atuava no comitê de planejamento estratégico de seu templo e se sentia frustrado. O Temple Israel planejava como a maioria das organizações: glacialmente. "Antes disso", disse Greene, "eu achava que apenas o universo era infinito."

Greene perguntou como eu lidava com esse processo. Eu me precipitei em várias direções, mencionei os campos minados no planejamento e como evitá-los. Minha resposta inspirou Greene e o tornou esperançoso — especialmente se eu falasse para seu grupo. Eu concordei.

Passei vários dias anotando idéias para a apresentação e depois escrevi e imprimi a palestra.

Tudo correu bem. O comitê achou que poderia completar seu plano rapidamente.

Então houve outra reviravolta, dessa vez acidental.

Uma semana após a apresentação, uma diretora de arte nacionalmente conhecida, Sue Crolick, pediu-me para avaliar uma de suas apresentações. Às vezes frugal, escrevi minha crítica no verso de minha palestra para o templo.

Na manhã seguinte, Sue bateu em minha porta e a atravessou quase voando. "O que *era* aquilo no verso da avaliação?", perguntou. "Uma palestra sobre planejamento", respondi-lhe.

"Publique-a!", disse Sue.

Seu pedido logo resultou no artigo "Why Plans Fail" [Por que os planos fracassaram?] em *Twin Cities Business Monthly*. O editor, Jay Novak, adorou o artigo e as muitas respostas de seus leitores a ele, e logo me convidou para almoçar. "Você tem alguma idéia para outro artigo?", perguntou-me. Eu tinha uma sobre marketing de serviços e apresentei um título: Vendendo o invisível.

Novak adorou o título. "Escreva-o!", disse ele, sem ouvir o que poderia vir após o título. Eu o escrevi e minha vida mudou.

Vieram telefonemas, cartas e empresas. Tudo porque um dia, anos antes, eu tinha escrito um artigo que uma advogada de Minneapolis apreciara.

Um pequeno artigo de revista. Um telefonema comum.

Um resultado surpreendente.

Publique. Tudo pode acontecer.

Obtendo publicidade: o buraco gigantesco

Marcus Pincus, co-fundador da Freeloader, ficou surpreso com quanta publicidade obteve — e apresentou o motivo pelo qual você achará surpreendentemente fácil publicar seus artigos.

"A mídia é um buraco negro", disse ele, "capaz de sugar tudo."

A mídia precisa de você.

Outro benefício-surpresa de publicar

"Somente escrevendo você descobre o que sabe."
— Anne Beattie, autora

Muitas universidades exigem que os professores publiquem algo como uma das condições para obterem estabilidade nos cargos. Por quê? Porque sabem que nada ensina tanto como escrever.

Entre outras lições, escrever ensina que você nunca escreve apenas o que sabe. Escreve o que aprende ao escrever.

As idéias surgem e geram outras. Os pensamentos se cristalizam e se associam a outros, e essa combinação produz insights. Faz você aprender.

Escrever é pensar, e reescrever é repensar. Você pergunta: "Isto transmite o que eu quero dizer?" Você responde que não e continua a escrever.

E consegue transmiti-lo bem.

Você percebe que fez além do que apenas escrever com mais clareza; pensou mais claramente. Tornou as idéias melhores e mais úteis. Fazendo isso, tornou-se mais valioso para os possíveis e atuais clientes. Garantiu-lhes que é um especialista — uma notícia confortadora que todo cliente valoriza.

Escrever ensina a todos — especialmente ao escritor.

Quatro regras para publicar

Antes de escrever um artigo para publicação, tome nota:

1. Demonstre respeito pelo editor estudando a revista, determinando os objetivos e escrevendo uma carta de apresentação que revele seu estudo e conhecimento.

2. Diga sempre a verdade. Apresente idéias fracas como fortes e os editores aprenderão a desconfiar de você. Em vez disso, você quer que eles vejam seus envelopes e pensem: "Ele sempre tem idéias boas as quais vale a pena considerar."

3. Você não está vendendo uma história. Está vendendo leitores felizes — pessoas que apreciarão o artigo e gostarão mais da revista por causa dele.

4. Agradecer a um editor por publicar seu artigo dá a impressão de que você acha que isso foi um favor; impugna a integridade dele. Em vez disso, elogie-o por sua valiosa ajuda.

Antes de entrar em contato com um editor, reveja esses passos.

Testemunhos: uma descoberta impressionante

Três eventos surpreendentes ocorreram meses antes de meu primeiro livro, *Vendendo o invisível*, chegar às livrarias.

O primeiro foi em junho de 1995, quando *Vendendo o invisível* apareceu em um artigo de 5 mil palavras em *Twin Cities Business Monthly*, e quase imediatamente inspirou cartas e telefonemas de lugares distantes, como Atlanta e Scottsdale.

Dias depois, um agente literário leu o artigo e telefonou me incentivando a escrever um livro. Mais tarde ele me ajudou a redigir uma proposta em que incluímos muitas daquelas cartas que elogiavam o artigo. Estávamos certos de que as cartas levariam os editores a uma guerra de lances.

Não foi o que aconteceu. "Isso não faz nenhuma diferença", disseram.

Terceiro evento, 5 de março de 1997. Finalmente o livro é publicado. A capa mostra um círculo radiante vermelho-vivo em que está impresso um comentário do autor de um best seller de negócios, em que classifica o livro como "um clássico". Na contracapa há sete outros testemunhos.

Nos três anos que se seguiram, pelo menos trezentos leitores do livro se aproximaram de mim. Perguntei a, pelo menos, duzentos por que o tinham comprado.

O principal motivo: gostamos do formato. Entre outras boas características, o livro cabe na bagagem de mão que os passageiros podem levar nos aviões. O segundo motivo: um amigo o recomendou. O terceiro motivo: o título.

Desses leitores, *nenhum* disse ter notado ou se lembrado de qualquer testemunho.

Segunda história: eu viajo pelos Estados Unidos dando palestras, e muitos participantes me enviam cartas com cumprimentos. Ao mesmo tempo, muitas outras pessoas telefonam solicitando que eu fale para seus grupos. Eu lhes envio um pacote que inclui três páginas desses testemunhos, inclusive o nome e número de telefone de cada referência.

Esses testemunhos parecem ineficazes. Dúzias de pessoas me agradecem pelo pacote, mas pedem um pequeno videoteipe de minhas palestras. "Nós realmente queremos *ver* você em ação."

Três páginas de testemunhos entusiasmados e eles ainda se perguntam se eu sei falar?

Sim.

Registre essas duas histórias e pense nesta última. No *Star Tribune* de Minneapolis do dia 5 de agosto de 2000, um leitor pôde aprender que não havia um "Melhor Filme do Verão". Havia sete. Os testemunhos sobre os outros 26 filmes pareciam prometer que todos os leitores os adorariam. Esses testemunhos insistiam que todos eram maravilhosos, mas nossa experiência nos dizia algo diferente.

Nós aprendemos a desconfiar dos testemunhos.

Os testemunhos perderam quase todo o seu valor original. Os críticos de teatro de Nova York ainda podem encerrar uma peça com uma crítica porque ganharam credibilidade junto aos leitores. Mas a menos que sua referência tenha esse forte relacionamento com os possíveis clientes, nem mesmo o mais entusiasmado dos testemunhos os motivará.

Os testemunhos *deveriam* funcionar. Um dia funcionaram. Então as pessoas abusaram deles, os usaram mal ou excessivamente. As palavras gentis perderam a força e os leitores perderam a fé e a confiança.

Em 2001, os executivos da área de cinema se defrontaram com uma forte evidência de que os testemunhos estavam perdendo a força. Em cidades como Boston, em que os críticos adoravam Quase famosos, *o filme de rock/autobiografia de Cameron Crowe, as pessoas não o assistiam. Em cidades em que os críticos falavam mal do filme, o público que o assistiu foi acima da média. Anteriormente, naquele mesmo ano, o filme* Garotos incríveis *tinha seguido um padrão parecido.*

Quando os testemunhos funcionam? Quando a pessoa que os dá tem uma autoridade e credibilidade especial, ou se é apresentada outra evidência que os faz parecer mais verossímeis. Os testemunhos também funcionam se são filmados, porque quem os ouve pode avaliar a sinceridade, a paixão e a credibilidade da pessoa.

Mas, em todos os outros casos, as pessoas não os ouvem.

Cuidado com os testemunhos.

Sem citar ninguém

Um cliente lhe envia uma carta com elogios e você imediatamente vê o valor promocional que ela contém. Poderia citá-la para persuadir outras pessoas a também se tornarem clientes.

Infelizmente, você não pode usar o nome dessa pessoa. A empresa que ela representa o proíbe, ou torna a autorização para isso tão difícil que você não consegue tolerar a demora e a burocracia.

Você deveria usar o testemunho sem mencionar o nome do autor ou de sua empresa?

Não.

Os testemunhos anônimos acionam alarmes. O leitor nota mais o nome faltando do que as palavras, e se pergunta por que sua referência insistiu no anonimato.

Afinal, como *você* reage a uma citação anônima? Presume que a citação é um ardil e ninguém disse aquilo.

Seus possíveis clientes também presumem.

Não faça citações anônimas.

O que é um especialista?

Como os americanos vêem os especialistas — e o que poderia fazer com que eles o considerassem um?

Olhar para o passado ajuda você a entender.

Os primeiros colonizadores não foram para a América em busca do melhor teatro ou escapes criativos. Foram procurar liberdade e oportunidades. A maioria não tinha instrução e poucos valorizavam o aprendizado. Quase todos eram protestantes e acreditavam que a salvação vinha por meio de trabalho duro.

Esses ancestrais desprezavam as distinções de classes de seus países nativos e incutiram nas gerações que os sucederam uma idéia que se tornou imortal: a de que todas as pessoas são criadas iguais. Os americanos logo passaram a ser conhecidos como igualitários, tornando fácil presumir que todas as pessoas são igualmente desenvolvidas e merecedoras de serem tratadas como absolutamente iguais. Quem se recusava a aceitar isso e se considerava melhor "tem ar de alguma coisa" — uma expressão que transmite a noção de que uma sensação de superioridade, assim como o ar, carece de substância ou peso.

> A ética protestante e o espírito do capitalismo, *de Max Weber, é famoso por desenvolver a tese da relação entre as raízes protestantes da América e o avanço do capitalismo.*

QUATRO ELEMENTOS BÁSICOS 99

Talvez mais do que em qualquer outra cultura, nossos ancestrais se concentravam na praticidade. O pragmatismo, a análise da relação custo-benefício e o trabalho duro pareciam funcionar melhor. Logo os americanos enriqueceram, uma feliz circunstância que demonstrou a utilidade de ser prático e trabalhar com afinco. Foi fácil eles concluírem que o bom senso e o trabalho duro haviam criado seu país, enquanto as distinções de classe, origem e a ênfase nas artes e no aprendizado distinguiam os duvidosos ingleses e franceses.

Os americanos também começaram a acreditar que as teorias eram para pessoas detalhistas com muito tempo sobrando. Os professores e estudiosos se tornaram suspeitos. Quando lhes é pedido que façam uma livre associação com a palavra "profes-

> *A idéia de que os americanos são quase unicamente antiintelectuais é desenvolvida de um modo brilhante no premiado livro de Richard Hoftstadter,* Anti-Intellectualism in American Life.

sor", os americanos ainda respondem "distraído", o que era um clichê — e o título de um filme com Fred MacMurray[1] — no meado da década de 1960.

A antipatia pelos estudiosos e pelo mundo acadêmico ficou clara na eleição presidencial de 1952. Os leitores enfrentaram uma escolha: o herói de guerra Dwight Eisenhower, formado entre os últimos de sua classe em West Point, ou Adlai Stevenson, formado em Harvard.

---

[1]*The Absent-Minded Professor* (O professor distraído, em tradução livre). (*N. da E.*)

> *A descrença dos america-*
> *nos nas credenciais acadê-*
> *micas também foi revela-*
> *da por uma pesquisa sobre*
> *jurados. Ela sugeriu que*
> *testemunhas especialistas*
> *com diplomas em faculda-*
> *des de elite não são vistas*
> *como mais conceituadas*
> *do que as com diplomas*
> *de outras faculdades. Na*
> *verdade, em alguns casos,*
> *as pessoas vêem negativa-*
> *mente a educação de elite*
> *e até mesmo expressam*
> *certa aversão à própria*
> *palavra "elite".*

A corrida presidencial terminou no minuto em que começou a estereotipagem. As pessoas apelidaram Stevenson de intelectual, um estereótipo constantemente usado e que o condenou. Os americanos não gostam de estudiosos e pensadores.

Os americanos desconfiam da análise. Freqüentemente, quando você ouve a palavra "acadêmico", é precedida de um advérbio revelador: "meramente". Na verdade, os americanos usam, em geral, "acadêmico" para descrever algo que não importa, mesmo se está correto, como em "Quem se importa? É tudo acadêmico!"

Os americanos tendem a desconfiar das credenciais acadêmicas, dos escritos e das apresentações de estudiosos. Desdenham de quem fala com muita autoridade. Apreciam a humildade, mesmo nas pessoas que suspeitam que possam ser brilhantes.

Portanto, tenha cuidado ao se fiar em currículos, credenciais e diplomas avançados, mesmo em serviços que possam exigi-los.

Os americanos inventaram o termo *street-smart* para descrever quem possui habilidades e conhecimentos para sobreviver nas cidades, e valorizam quem combina bom senso com um toque comum. Também tendem a presumir que as pessoas com um domínio incomum de um tema não possuem as habilidades comuns, porém necessárias — um aviso para todas as empresas que pensam em apregoar as credenciais impressionantes dos funcionários.

Encontre um modo comum de comunicar sua habilidade incomum.

O médico da cidade pequena: como parecer um especialista

O que convence as pessoas de que você é um especialista?

Sua maior evidência é simplesmente a clareza.

Durante décadas os aspirantes a advogados presumiram que a única estratégia de marketing necessária era freqüentar uma universidade da Ivy League e uma das melhores faculdades de direito e trabalhar no Law Review como auxiliar de um juíz federal ou de corte de apelação. Embora essas credenciais possam beneficiar os advogados que se especializam em apelação jurídica, a área mais acadêmica da prática legal, e influam nas decisões de contratação de muitas empresas, poucos possíveis clientes as consideram importantes. Eles acham que qualquer pessoa que tenha capacidade de se formar em direito e cumprir as exigências para o exercício da profissão é capaz de suprir suas necessidades de inteligência e perseverança.

Essa evidência vem dos tribunais da América. Todos os dias, advogados chamam especialistas para testemunhar, na esperança de que os jurados acreditem mais neles do que nos especialistas de seus oponentes.

Mas que especialistas os jurados americanos realmente "compram" — e, por extensão, qual de duas empresas de serviços o possível cliente considerará mais especializada?

Uma das principais empresas do mundo de consultoria para jurados, a DecisionQuest, entrevistou milhares deles e concluiu que os americanos não associam credenciais acadêmicas, prêmios ou a convicção e a confiança do especialista em relação à especialização. Quanto mais clara a comunicação, mais especializado é o comunicador.

Clareza é especialização.

A lenda do falecido Harry Beckwith Jr. — que aparece em *O toque invisível*, ilustra perfeitamente esse ponto.

O "Dr. B." nunca havia sido supervisionado por um cirurgião sênior após concluir sua residência em Maryland. Trabalhava a 153km do hospital-escola mais próximo e, de certa forma, diluía sua prática cirúrgica atuando como clínico geral no Rinehart Clinic and Hospital, em Wheeler, Oregon.

O Dr. B. também a diluía na água. A água vinha de North Fork, em Nehalem River. Nela, ele passava todo o seu tempo livre cultivando seu talento para pescar com iscas artificiais — um talento tão especial que o governo de British Columbia acabou dando a um dos lagos do leste o nome de lago Beckwith, em reconhecimento das muitas trutas-arco-íris que o Dr. B tirou de suas águas.

> *Um número cada vez maior de anúncios mostra que as empresas não se comunicam com clareza. A KPMG adotou o tema: "É hora de clareza." Os anúncios da Dell Computers mostraram o vendedor de sua concorrente dizendo a um cliente "Seja paciente comigo enquanto coloco isto em termos que ninguém possa entender."*

Mas, apesar de todas as desvantagens e da prática cirúrgica relativamente rotineira de cidade pequena — histerectomias, amigda-

QUATRO ELEMENTOS BÁSICOS

103

lectomias e apendectomias — à qual meu próprio pai se referia como um trabalho de encanador — e daquelas muitas horas no North Fork, o Dr. B se tornaria uma lenda. Em meado da década de 1960, as pessoas de Tillamook County o consideravam mais do que apenas um bom médico. Elas começaram a espalhar a notícia de que especialistas o haviam citado como um dos três maiores cirurgiões do mundo.

É claro que isso nunca aconteceu. Poucos sequer sabiam da existência do hospital Rinehart. Os que sabiam o conheciam por seu trabalho não-cirúrgico com a artrite reumatóide.

Então por que as pessoas de Tillamook County viam meu pai como um dos maiores especialistas do mundo?

Porque ele se comunicava *brilhantemente*. Em uma linguagem que todo criador de gado Holstein ou motorista de caminhão podia entender, meu pai explicava o diagnóstico, o prognóstico, os prós e contras de cada tratamento alternativo, suas recomendações e o tempo provável de reabilitação e recuperação do paciente.

A clareza do Dr. B. o tornou mais do que *um* especialista. Tornou-o *o* especialista.

A clareza penetra na névoa e transmite valor ao possível cliente. Garante-lhe que você não obscurecerá a questão ou confundirá a venda.

> As empresas americanas podem ter descoberto o valor da clareza. Em uma pesquisa da National Association of Colleges and Employers, de 480 empresas e organizações públicas, a qualidade mais procurada pelos empregadores não foi a motivação, que ficou em terceiro lugar, ou as credenciais acadêmicas e o desempenho, que ficou em sexto. Foi a capacidade de comunicação.

> *Em* Grammatical Man: Infor-
> mation, Entropy, Language,
> and Life, *Jeremy Campbell
> trata da relação entre a
> brevidade e a clareza. Ele
> escreve: "Em quase todas as
> formas de comunicação são
> enviadas mais mensagens
> do que as absolutamente
> necessárias para transmitir
> a informação pretendida."
> Ironicamente, ele poderia
> ter cortado sua frase pela
> metade e dito: "A maioria
> das pessoas diz mais do que
> é preciso dizer para trans-
> mitir sua mensagem."*

A clareza leva o possível cliente da confusão — que aumenta o medo do invisível — para a confiança. Acaba com a desconfiança. A clareza vence.

Freqüentemente os possíveis clientes dizem aos fornecedores de serviços: "Eu voltarei a procurá-lo." Às vezes significa que não estão em uma posição de decidir — pode lhes faltar, por exemplo, dinheiro ou consenso. Mas muitas vezes quer dizer que lhes falta clareza.

O que significa que o fornecedor não foi claro.

Para ser visto como um especialista, seja mais claro.

A chave para a clareza

Ao se comunicar, seu maior inimigo não é apenas o ruído ao seu redor — é o ruído que você cria sem querer.

Em que consiste esse ruído? William Zinsser o descreve em *Writing to Learn*.

"Ruído é o erro tipográfico e a página mal planejada ... ambigüidade. Redundância. Uso incorreto. Imprecisão. Jargão ...

"Ruído é confusão; todos aqueles adjetivos desnecessários ('progresso avançado'), todos aqueles advérbios desnecessários ('evitado com sucesso'), todas aquelas preposições guarnecendo verbos e frases desnecessárias ('em um sentido muito real')...

"A informação é o produto sagrado e o ruído é o poluente. Dê a vida para proteger a mensagem."

O ruído desanima e afasta os leitores. Distingue você como alguém capaz de provocá-lo e que não deve ser levado em conta. Pode tornar inúteis os seus mais nobres esforços.

Leia cuidadosamente o que você escreveu e ensaie o que dirá. Fique atento ao ruído e acabe com ele. Quando fizer isso, a mensagem que permanecer chegará ao público como um sinal puro e ele o receberá — e se tornará cada vez mais receptivo.

Envie sinais, não ruídos.

Como parecer um especialista

O que os especialistas fazem?

Os americanos consideram especialistas as pessoas que falam e escrevem regularmente. (Os professores não são vistos assim. São considerados especialistas em teoria.) Os "especialistas" aparecem em publicações comerciais e gerais e lidam com negócios e associações. Os americanos presumem que as pessoas que falam e escrevem devem ter algo valioso a dizer.

Para que sua empresa seja considerada especializada, os funcionários devem publicar.

Comece descobrindo revistas e jornais especializados cujo público-alvo seja os possíveis clientes ideais. Descubra os objetivos e artigos preferidos de cada editor. Então tenha idéias que fariam o editor que lesse a proposta pensar: "Nossos leitores gostariam disso."

Quando o artigo for aceito, tente ter domínio sobre o periódico. Faça com que os funcionários publiquem artigos pelo menos quatro vezes por ano e, nos outros meses, publique anúncios da empresa neles.

Publique. E, quando publicar, tente ter domínio sobre esse periódico.

Escrever como um especialista

Antes de você começar a escrever para publicação, lembre-se do que o escritor novato James Simon Kunen observou em seu prefácio de *The Strawberry Statement*:

"A escrita é difícil o bastante sem que se tenha de torná-la compreensível."

Escrever é um trabalho árduo. (Como disse certa vez um autor em uma frase famosa: "Escrever é fácil.

Tudo que tenho a fazer é me sentar com minha máquina de escrever até o sangue começar a jorrar de minha testa.") Se você quer parecer um especialista, o texto deve ser como o de um profissional e deve ser claro. Mas se você não ganha a vida escrevendo, o texto pode parecer confuso. A maioria das pessoas escreve apenas um pouco melhor do que desenha.

Conte com a ajuda de um redator profissional com experiência em escrever para revistas. Isso fará com que os possíveis clientes o considerem um especialista ainda melhor.

Para escrever como um especialista, contrate um.

A lição de marketing de Mark Twain

Um diretor-executivo é o diretor-executivo, certo? Não hoje em dia.

A Cap Gemini, uma empresa de consultoria, tinha nove diretores-executivos antes de sua fusão com a Ernst & Young. Os representantes da Bertelsmann não sabem ao certo quantos diretores-executivos eles têm nos Estados Unidos. Um representante disse ao *New York Times* que a empresa tinha "de oito a dez".

A Cap Gemini e a Bertelsmann estão apenas imitando as agências de publicidade, que foram as primeiras a dar o título de "vice-presidente" a 40% de seus funcionários, um hábito que inspirou um diretor de arte a dizer: "Nós distribuímos títulos como se fossem chicletes."

Contudo, a economia nos lembra de que, quando você produz mais unidades de um produto, seu valor tende a cair.

As palavras seguem essa regra.

De nível internacional, ultramoderno, com o certificado ISO900 qualidade superior, com uma boa relação custo-benefício, compromisso com a excelência e proativo são palavras em que ninguém acredita mais. Todos conhecem várias empresas que proclamaram que eram de nível internacional até a manhã em que seus advogados entraram com pedido de falência.

O uso excessivo de palavras não funciona. Em vez de se apegar a elas, apresente provas. Apresente histórias convincentes — estudos de casos, prêmios, crescimento empresarial, conquistas — que tornem os adjetivos desnecessários.

Uma prática útil: reveja cada comunicação de marketing e tente eliminar todos os adjetivos e advérbios. A maioria não diz nada, acrescenta palavras e enfraquece a mensagem. (Por exemplo, "sorriu" soa muito melhor do que "deu um sorriso radiante")

> *"A publicidade acabou com o poder dos adjetivos mais fortes."*
> — Paul Valéry

Eliminar os adjetivos e advérbios também força você a provar suas afirmativas em vez de apenas fazê-las.

Siga o conselho simples de Mark Twain. Ele escreveu sobre os adjetivos: "Deixe-os de fora."

Retire todos os adjetivos, como "excelente", e os substitua por provas.

O rapaz que gritava melhor

Está claro o que a primeira pessoa que escreveu as palavras "um compromisso com a excelência" tinha em mente, mas o que a segunda pessoa estava pensando?

Como Strunk e White reconheceram em *The Elements of Style,* a maioria dos leitores vê os clichês como um sinal para parar de ler.

Os clichês produzem ruído e fazem com que os possíveis clientes concluam que você não tem nada a dizer ou, pior, está tentando enganá-los. Quando eles vêem palavras preguiçosas — que é exatamente o que os clichês são — imaginam uma empresa preguiçosa. Reveja toda comunicação e evite os clichês. Entre outros benefícios, seu texto parecerá mais interessante, o que levará mais pessoas a lê-lo e reagir a ele.

Não use clichês.

> *Examine esse clichê "Um compromisso com a excelência". Se a empresa tivesse atingido a excelência, não o usaria. Portanto, "Um compromisso com a excelência" sugere "Nós ainda não chegamos lá." E isso não é bom.*

Por que os superlativos falham

Notável!
Extraordinário.
De nível internacional.
Superior.
Essas palavras não só não têm eco como ensurde-
cem os ouvidos de quem as escuta. Use-as e o efeito
será o mesmo de ter ficado calado.
The Elements of Style mais uma vez apresenta a
melhor explicação de por que os superlativos sabo-
tam toda a mensagem:

> Quando você exagera, os leitores imediatamente
> ficam em guarda e consideram suspeito tudo que
> precedeu sua afirmação e se segue a ela, porque
> perderam a confiança no seu julgamento ou
> raciocínio ... Um único superlativo usado por
> descuido tem o poder de destruir, para os leitores,
> o objeto de seu entusiasmo.

Certa vez um escritor francês falou sobre esse
problema de um modo sucinto, que é um aviso para
todo profissional de marketing:
"Nós sempre enfraquecemos tudo que exage-
ramos."

Não use superlativos.

Os corolários de Dale Carnegie:
o poder da palavra "você"

"Nenhuma palavra soa melhor", observou Dale Carnegie, "que nosso próprio nome". Ouvi-lo faz com que nos sintamos mais íntimos e importantes para a pessoa que o pronuncia.

O conselho de Carnegie pode ser levado adiante.

Esta afirmação se aplica à propaganda. Para ilustrar isso, veja o texto a seguir, publicado nos três primeiros anúncios da *Time* de fevereiro de 2001.

"É por isso que a Microsoft oferece a você um conjunto completo de componentes de software."

"Agora a Fidelity oferece a você uma visão geral do mercado."

"Com mais de 10 mil NAPA Autocare Centers em todo o país, é como se você levasse um técnico certificado para onde quer que fosse."

Está vendo o padrão?

É a palavra "você", que raramente aparecia nos primeiros anos da propaganda. Durante anos, a propaganda refletiu o fato óbvio de que o anúncio era dirigido a milhões de pessoas. Os anúncios eram dirigidos a grandes grupos, referindo-se a possíveis e atuais clientes no plu-

> *Os editores de* USA Today *também entendem as afirmações de Carnegie. Suas reportagens convidam os leitores a lê-las com títulos como "Tiger Woods: We Love Him" [Tiger Woods: Nós o Adoramos]. Usando a palavra "nós", o título sugere que o leitor é parte da reportagem.*

ral, como "pessoas", "homens" ou "uma mulher". Por isso, um típico anúncio antigo diria: "A Mermaid Lotion acaricia a pele de uma mulher e lhe devolve o brilho natural. Mermaid. Para a pele que as mulheres adoram."

Então alguém descobriu a afirmação de Carnegie. Percebeu que as pessoas reagiam mais fortemente aos anúncios que usavam a palavra "você", como se o anúncio fosse dirigido apenas a esse leitor. O novo anúncio da Mermaid prometia a loção que "acariciava a *sua* pele" e foi criada "para a pele que *você* adora".

A palavra "você" funcionou — como Dale Carnegie teria imaginado. Como soa pessoal e até mesmo íntimo, "você" envolve o leitor individualmente.

A segunda afirmação de Carnegie se aplica às apresentações. Se você não mencionar o nome de seu possível cliente no primeiro minuto de sua apresentação, ele se desligará de você. Sempre que mencionar o nome da empresa, todas as pessoas se concentrarão em você. Sua referência a elas funcionará como um "você" — a mais bela palavra em qualquer idioma.

Usar "você" também o força a pensar nesses possíveis clientes e o faz se concentrar mais neles.

Use "você".

Rudolf Flesch e o fusca amarelo-canário

Um romancista popular certa vez escreveu: "A mulher entrou na sala e serviu a ele frutos silvestres com creme em uma tigela."

Acrescente algumas palavras e note o efeito: "A mulher entrou andando com dificuldade no embolorado gabinete de leitura e serviu a ele morangos com creme em uma tigela de cristal."

Com a frase original do romancista você não descobre quase nada. Não pode imaginar a cena, a mulher ou como "ela" se sente.

Mas com a frase revisada descobre e percebe mais. Ela se sente sobrecarregada. Anda com dificuldade. Um dia teve dinheiro — tem um gabinete de leitura e tigelas de cristal — mas a sorte aparentemente mudou porque a sala está embolorada; ela não pode pagar uma faxineira.

A frase do romancista usou 16 palavras para transmitir muito pouco. A revisada, com 23, diz muito mais. A primeira frase é geral. A segunda é específica; palavras específicas como "tigela de cristal" e "morangos" pintam um quadro mais claro — uma chave para vender o invisível.

Igualmente importante é que a segunda frase tem a capacidade de envolver o leitor. Palavras específicas fazem justamente isso, como descobriu o pesquisador Rudolf Flesch décadas atrás. Nós tendemos mais a ler um parágrafo com um nome próprio do que com um geral: "Froot Loops" chama a nossa atenção; "cereal pré-adoçado" não.

A palavra "carro", por exemplo, nada faz para envolver o leitor. Por outro lado, "fusca amarelo-canário" pinta um quadro e até mesmo pode fazê-lo sorrir. Envolve você. A maioria das pessoas não aprecia abstrações, mas adora o que pode *ver*.

Da mesma forma, "nosso crescimento colossal" não diz nada. Soa dúbio, hiperbólico e imodesto. "Mais de 25% de crescimento anual" funciona melhor, embora o número seja tão específico que muitos leitores questionarão sua exatidão ou credibilidade". "Vinte e seis por cento de crescimento anual — 42% acima da média da indústria" parece mais verossímil, informativo e impressionante.

> *A pesquisa de Flesch sobre legibilidade — inclusive insights sobre o comprimento da frase e do parágrafo ideal e do poder especial dos nomes próprios — foi adotada pelos editores da* Reader's Digest *e usada em seu livro de 1946,* Art of Readable Writing.

Seja específico.

Harper's, McPaper e Tiger

Embora a *Harper's* atraia leitores cultos e educados, a parte mais lida não é um artigo ou mesmo um longo parágrafo.

É uma lista: o famoso Harper's Index.

QUATRO ELEMENTOS BÁSICOS

Ninguém diria que essa lista é engraçada, muito menos literária (um item típico: "Quantia que o governo americano gastou em pêssegos em 2001: 3,66 milhões de dólares.") Mas os assinantes sofisticados da *Harper's* a lêem tão avidamente que a revista publicou um livro com a compilação das listas.

Não são apenas as massas que anseiam por brevidade, os milhões de pessoas que adoram *USA Today*, porque lê-lo toma pouco tempo. A maioria dos americanos lê da mesma maneira que come — rapidamente. Tem tempo para ler sinopses, mas raramente para ler histórias.

Os políticos insistem em discursos breves porque os novos programas os exigem, tendo aprendido que os espectadores não assimilam mensagens mais longas. Não faça um discurso longo, por favor, é o que dizem os americanos.

Em vez disso, faça um breve.

Os americanos abreviam tudo. Não mais adoram Bobby Joneses, Johnny Unitases e Broadway Joes. Agora é Tiger, Britney e Tupac.

Tudo está encurtando rapidamente — ao ponto em que um determinado livro poderia demonstrar que os seres humanos podem estar nas primeiras etapas do desenvolvimento de uma forma de comunicação nova e abreviada — porque as pessoas desejam brevidade. Especialmente os possíveis clientes.

Seja breve.

Uma lição do túmulo de Jefferson

Autor da Declaração de Independência dos Estados Unidos, do Estatuto de Virginia sobre a Liberdade Religiosa e fundador da Universidade da Virginia

Esse é o epitáfio de Thomas Jefferson, e essas poucas palavras são suficientes para sugerir seu valor.

Por que então tantas empresas precisam de milhares de palavras para transmitir suas qualificações?

É porque nós apresentamos uma desvantagem. Embora os artigos reclamem da educação americana sob o título familiar "Why Johnny Cannot Read" ["Por que Johnny não sabe ler"], nós não sabemos escrever. Não fomos ensinados.

Até agora, poucos se preocuparam com essa desvantagem. Confiantes em nossas habilidades e em nós mesmos, estamos certos de que sabemos escrever; afinal de contas, fizemos isso a vida inteira.

É estranho, porém verdade: a lápide de Jefferson relaciona os três feitos dos quais ele se orgulhava mais, e a secretaria de Estado e presidência dos Estados Unidos não estão entre elas!

Mas para onde quer que você olhe encontra evidências de que não conseguimos ser claros. "Você disse que me encontraria às 2 horas da manhã!" "Não, eu

QUATRO ELEMENTOS BÁSICOS 117

disse 2 horas. Presumi que você sabia que não era às 2 horas da *manhã*!"

"Você disse que estaria com o relatório pronto na terça-feira — isto é, hoje." "Sim, mas eu disse isso a você ontem, que era segunda-feira. Se eu quisesse dizer que entregaria o relatório hoje, teria dito amanhã."

Pense na frase do folheto de uma empresa conhecida: (A empresa X) migrou de um fornecedor de serviços de aplicações para selecionar empresas baseadas em intercâmbio eletrônico de dados para uma das líderes nacionais em fornecimento de soluções sistêmicas em âmbito empresarial e suporte para processamento de informações e comunicações externas e internas em escritórios ..."

A autora acreditou que estava se comunicando.

> *Leia* The Elements of Style, *de William Strunk e E. B. White. Essa jóia de livro pratica o que prega: escrita sucinta, específica e envolvente.*

Contudo, quase todos os leitores, antes de chegar ao fim de sua frase, se tornaram ex-leitores.

Quanto mais você diz, mais densa se torna a floresta de palavras. Nenhum leitor se perderá entre três árvores. Entre três mil, quase todos se perderão.

Corte árvores. Conte as páginas ou palavras (o computador pode fazer isso rapidamente) em todas as comunicações.

Agora corte o número pela metade. Livre dessa gordura, o texto atingirá o possível cliente com mais intensidade — e vencerá a resistência dele.

Agora o corte pela metade de novo.

Se você não conseguir descrever o que o torna diferente e excelente em 25 palavras ou menos, não ajuste o texto. Ajuste a empresa.

A concisão vende

Em 1992, um executivo de Minneapolis de 31 anos, frustrado por não ser contatado pelas empresas nas quais esperava trabalhar, recorreu a um especialista em redigir currículos.

O especialista logo encontrou o problema. E ele não estava nas credenciais, mas no currículo do candidato. Ele tinha conseguido pôr apenas nove anos de trabalho em três páginas cheias. O especialista sabia que algumas pessoas não se dariam o trabalho de ler o currículo e outras desistiriam de lê-lo antes do final.

> *"Os grandes músicos de jazz sabem quando não tocar determinada nota. Sabem quando deixar o espaço."*
> *— Rick Joy, arquiteto e professor de Harvard.*

Duas semanas depois, o executivo enviou o currículo, agora de uma página, para duas das empresas-alvo. Ambas responderam imediatamente.

Três semanas depois, ele conseguiu o emprego.

Respeite o tempo dos clientes — especialmente ao se comunicar.

Como ler uma frase

Muitos supermercados fizeram recentemente uma promoção interna de filme Agfa. Para garantir o sucesso da promoção, os funcionários puseram grandes pôsteres elogiando o produto perto da entrada de cada loja. Então se prepararam para a corrida. Ela porém, não aconteceu. Nem mesmo a passos rápidos.

No pôster estava escrito: "O Agfa é um dos melhores filmes, em cores, disponíveis no mercado hoje em dia."

Ele não dizia coisa alguma. Edite a frase para chegar à essência. Primeiro delete as últimas seis palavras, porque não significam nada. Se o supermercado promove o filme, é porque está disponível no mercado hoje em dia.

Se o Agfa fosse *o* melhor filme em cores, a pessoa que criou o anúncio certamente o diria. Mas aparentemente é apenas *um* dos melhores filmes. Os consumidores podem encontrar outros ótimos — talvez muitos.

Portanto, o pôster na verdade dizia: "O Agfa é um ótimo filme em cores." Isso era tudo.

Esse era o argumento de vendas do filme. Se as pessoas que aprovaram o pôster o tivessem lido cuidadosamente, o devolveriam à pessoa que o criou para que ela encontrasse um argumento mais convincente.

Ela sabia que não tinha nada a dizer. Por isso apertou o Botão Default do Redator — aquele que sempre apresenta um clichê. Tentou reforçar a afirmação sobre o filme acrescentando essa expressão bem-aceita, mas sem sentido: "Disponível no mercado hoje em dia."

O pôster não tem poder. As pessoas que o lêem respondem: "Quem disse que o filme é ótimo? E se é tão especial, por que esse pôster parece tão comum?"

A pessoa que o criou deveria ter substituído o elogio por um fato: o Agfa recentemente foi considerado um dos três melhores filmes em cores do mundo por três das maiores revistas de fotografia americanas. Ou poderia ter mencionado o número de fotógrafos ganhadores de prêmios que o usam. Ou alguma coisa. Qualquer coisa.

Leia suas frases impiedosamente. Certifique-se de que todas dizem algo concreto em que as pessoas acreditarão, que você acreditaria nelas e que são apoiadas por provas.

Corte as frases até restar apenas uma verdade dita de modo poderoso.

Então pergunte: Há verdades ainda mais poderosas que podemos dizer?

Corte toda a gordura. Então pergunte: o músculo que resta tem poder?

O último passo:
o teste do francês na rua

Um matemático francês criou a primeira regra da comunicação: "Uma teoria não está completa enquanto você não pode explicá-la para a primeira pessoa que encontrar na rua."

O apelo de sua mensagem-chave — a descrição do que você faz, seu diferencial e suas vantagens — deve repercutir em todos. A menos que todos possam entender a mensagem, poucos a entenderão.

Edite a mensagem até que todos a entendam.

Talento absoluto

Essa é uma mistura cultural: nascida na Suécia, na Inglaterra, em Nova York e na África do Sul, e inspirada em um seriado cômico de TV americano. E embora possa parecer velha — com quase 25 anos — e global demais para ser relevante para a maioria das empresas, é única.

Você não pode encontrar um modelo melhor para sua propaganda. Começou como a maioria dos negócios — com a inveja. Em 1978, vários empresários suecos decidiram que, se os finlandeses podiam vender vodca para os americanos, eles também podiam. Três anos depois, os empresários pediram à TBWA, em Nova York, para lançar sua nova vodca. Dois recém-chegados foram encarregados do trabalho: Geoff Hayes, um redator sul-africano, e Graham Turner, um diretor de arte inglês.

A dupla rapidamente criou duas campanhas. A primeira foi uma propaganda que tirava proveito do frio inverno sueco e dos nativos. A segunda começou com uma imagem que tinha ocorrido a Hayes durante uma reprise de *Honeymooners*. Hayes imaginou uma garrafa de vodca com um halo flutuando sobre ela. Abaixo da imagem, ele escrevera as palavras:

"Absolut. Perfeitamente maravilhosa."

Aquilo parecia quase certo. Hayes o mostrou a Turner, que viu uma mensagem mais simples. "Que tal 'perfeição absoluta'?"

Vinte anos depois da ótima idéia de Hayes e Turner, um antiquário de SoHo ainda vendia cópias dos velhos anúncios da vodca Absolut. Um grupo do ramo da propaganda colocou a campanha, com apenas duas outras — da Volkswagen e da Nike — no Hall da Fama.

O que torna esses anúncios tão eficazes?

Em primeiro lugar, não são anúncios. São *campanhas*. A da Absolut repete uma idéia, cada anúncio parecendo tão novo que os leitores anseiam pelo próximo.

A campanha é *baseada na marca*. Se você não se lembrar de mais nada, se lembrará de "Absolut".

QUATRO ELEMENTOS BÁSICOS

Os anúncios garantem que você se lembrará do produto não lhe dando quase mais nada em que pensar. A campanha é *simples*. Três palavras — como, por exemplo, "Absolut San Francisco". Uma única retenção visual. Nenhuma cópia.

Você também se lembra de outro elemento-chave: aquela garrafa distintiva. Antes da Absolut, a maioria das bebidas alcoólicas vinha em garrafas quadradas com gargalo longo. Demonstrando o poder dos opostos no marketing, os suecos fizeram a garrafa arredondada e com um gargalo curto.

Como resultado, todo anúncio da Absolut transmite duas características únicas da marca — o nome e a embalagem distintiva — o que multiplica a eficácia de cada anúncio.

A campanha é *personalizada*. Não se parece com a de ninguém mais; não poderia ser de ninguém mais. Apenas a Absolut pode dizer "absolut" e incorporar aquela forma.

A campanha reconhece que as pessoas não acreditam no que os profissionais de marketing dizem; elas acreditam no que concluem por si mesmas. Por esse motivo, a campanha apenas *insinua*. Com isso, os anúncios fazem os leitores concluírem que a Absolut é como eles: sofisticada, mas não limitada — bem-sucedida e moderna.

A campanha é *visual*. Prende a atenção. Por que o halo? Ou, o mais engraçado de tudo, onde *está* aquela garrafa — ah, lá está ela! (Em um hábil anúncio, o artista alterou meticulosamente a foto aérea do Central Park dando-lhe a forma de uma garrafa de Absolut.)

Para completar, a campanha é *diferente* — tão diferente que dois anos após seu início, vários executivos da Absolut ainda queriam seu fim. "Afetada demais", reclamou um deles. Como muitos grandes nomes, escritórios e anúncios, a campanha da Absolut convida à crítica. Deveria dizer mais, argumentarão alguns, ou levar seu produto mais a sério.

A campanha transformou a Absolut em algo que não é: grande. (Em testes cegos, ela recebe pontos médios.) O mais notável é que a campanha pegou uma bebida que a lei americana exige que não tenha caráter, aroma, cor ou sabor distintivo e a tornou distintiva, única, excitante e espirituosa — e permitiu à empresa cobrar mais por cada garrafa.

Essa diversidade cultural mostra todo o poder da propaganda e fornece um modelo para anunciar tudo.

Esse ponto — em que as pessoas acreditam no que concluem em vez de no que lhes dizem — é essencial para entender a persuasão. Se um profissional de marketing faz uma afirmação explícita — "a melhor vodca do mundo" — as pessoas tendem a rejeitá-la. Se o mesmo profissional fornece material para as pessoas chegarem sozinhas a essa conclusão, elas acreditam nisso; naturalmente, nós acreditamos nas nossas próprias conclusões. O matemático Blaise Pascal disse exatamente isso: "Em geral nós somos mais convencidos pelos motivos que descobrimos por nós mesmos do que pelos que nos são apresentados pelos outros."

Seja como a Absolut: simples, visual, implícita, personalizada, diferente e obcecada pela marca.

O MARTELO DE VELUDO

Uma mensagem irresistível

Tendência-chave:
o declínio da confiança

1919 — oito membros do Chicago White Sox entregam a World Series em troca de dinheiro de apostadores. A fraude atinge o passatempo nacional da América.

1920-29 — denúncias de escândalos: Sinclair Lewis denuncia falsos evangelizadores, Ida Tarbell denuncia os Rockefellers e todos denunciam empresários e políticos corruptos.

1959 — diante do House Commitee on Interstate and Foreign Commerce, Charles Van Doren, professor da Columbia University, admite sua participação na fraude do programa de perguntas e respostas da NBC, Twenty-One. *Nós também não podemos confiar nos professores.*

1961 — Burt Lancaster ganha o Oscar por sua atenção como um evangelizador amoral em Entre Deus e o pecado, *baseado no livro de Sinclair Lewis.*

1965 — Ralph Nader, de 31 anos, fã desde criança de Ida Tarbell e Sinclair Lewis, ataca a General Motors em seu livro Unsafe at Any Speed: The Designed-in Dangers of the American Automobile. *A General Motors piora o problema invadindo a privacidade de Nader para descobrir informações com as quais desacreditar o autor.*

19 de julho de 1972 — os americanos ficam sabendo que um assessor de segurança republicano está entre os cinco homens presos dois dias antes por entrarem no quartel-general do Democratic National Commitee, no hotel e complexo de escritórios Watergate.

8 de agosto de 1974 — alvo de um processo de impeachment por sua tentativa de esconder suas atividades na administração em Watergate, Richard Nixon se torna o primeiro presidente americano a renunciar.

1982 — Janet Cooke é demitida do Washington Post *após admitir que sua matéria sobre drogas, vencedora do Prêmio Pulitzer de 1982, incluiu uma história totalmente fantasiosa. Investigações adicionais revelam que Cooke também inventou sua formação em Vassar e Sorbonne e fluência em quatro idiomas. Ela é descoberta vinte anos depois vendendo Liz Claiborne em uma loja de departamentos de Kalamazoo, Michigan. Também vem à tona que Cooke vendeu os direitos de filmagem de sua história por mais de 1 milhão de dólares.*

1982 — John DeLorean, um antigo alto executivo da General Motors, é indiciado por lavagem de dinheiro para levantar fundos para sua nova empresa de automóveis.

1989 — Louve ao Senhor e passe os 20 milhões de dólares: Jim Bakker, que antes havia confessado um caso amoroso com a secretária da igreja, Jessica Hahn, é condenado a cinco anos de prisão por fraudar os fiéis em 158 milhões de dólares.

1990 — Michael Milken, da antes bem conceituada corretora Drexel Burnham Lambert, se confessa culpado e é condenado a dez anos de prisão por fraude em títulos de alto risco. Reconhecendo o prejuízo ao seu nome, a empresa pára de operar como Drexel Burnham Lambert.

1995-2000 — defendendo uma ação judicial federal, executivos de uma empresa de tabaco declaram que não sabiam que fumar cigarros poderia ser prejudicial.

2002 — Enron e Arthur Andersen. O provável começo de uma era de falta de confiança nas grandes empresas.

Em *The Search for Signs of Intelligent Life in the Universe*, Lily Tomlin apresenta uma reação compreensível aos últimos cinco anos:

> *Uma análise detalhada do aparente declínio da confiança na América pode ser encontrada em* Bowling Alone: The Collapse and Revival of American Community, *de Robert Putnam.*

"Eu me preocupo por que, não importa o quão cínico você se tornou, não consegue continuar assim a vida inteira", diz ela.

Nós não sabemos em quem confiar.

Na década de 1970, milhões de americanos pediam carona. O maior desafio não era o risco — ninguém achava que existia algum —, mas outros caronas, com quem eles competiam. Hoje ninguém ousa entrar no carro de um estranho. A carona é menos popular do que a pesca de baleias.

Nós descremos de jornais, padres, pregadores e líderes políticos e empresariais — e uns dos outros. Em 1960, 55% dos americanos concordavam que "a maioria das pessoas é confiável". Em 2000, apenas 34% pensavam o mesmo.

Esse sentimento evoluiu do famoso aviso da geração nascida no pós-guerra: "Não confie em ninguém com mais de 30 anos", para o adesivo de pára-choque "Questione a autoridade" e o até mesmo mais amplo "Em quem você pode confiar?"

130   O QUE OS CLIENTES AMAM

"Uma geração que está atingindo a maturidade na América não acredita em noticiários, discursos de figuras públicas e jogos sociais ... Vê grandes trapaças em toda parte."
— Jacob Brackman, *The Put-On* (1971)

Nós até mesmo descremos de nosso próprio "conhecimento". Leia o que escreveram os mais famosos pensadores do Iluminismo há pouco mais de dois séculos e você ficará surpreso com a confiança que tinham. Eles viam um mundo newtoniano que funcionava como uma máquina. Entenda as partes se movendo e você poderá prever tudo. A humanidade estava prestes a controlar o mundo.

Hoje, nosso mundo não parece controlável nem previsível; parece caótico. A teoria do caos enche as prateleiras das livrarias e, como o livro e filme popular *Parque dos Dinossauros,* permeia a cultura predominante.

Nós nos sentimos incertos — inclusive em relação aos outros. Mas, como sentimos que podemos confiar em menos pessoas, valorizamos ainda mais aquelas em quem confiamos, porque são mais raras. Adoramos a segurança que nos proporcionam, a certeza de que há alguém em quem podemos confiar neste mundo caótico.

Tanto os números quanto os tipos de opções que temos aumentam nossa incerteza. Não podemos ver ou inspecionar grande parte do que compramos. Estée Lauder, a mulher nos bastidores dos perfumes famosos, expressou nossos problemas com o intangível quando observou: "Se uma pessoa não pode cheirá-lo, um vendedor não pode vendê-lo."

Nossos sentidos nos ajudam a reconhecer se algo está certo. Mas como cheirar, provar, tocar ou ouvir um serviço? Com que sentido você pode contar para determinar se escolheu o médico, o engenheiro consultor ou o banco certo?

Você se preocupa. E se o serviço falhar? A empresa oferece garantia ou a devolução do dinheiro? Os serviços raramente fazem isso. Você não pode devolver um mau corte de cabelo, uma cirurgia de joelho ou o bufê de uma festa.

Medo, incerteza, dúvida — os profissionais de marketing notaram pela primeira vez esse trio de sentimentos entre os possíveis clientes de computadores e softwares, e o apelidaram de "Fator MID". Hoje o MID domina tudo. Os clientes sentem medo, incerteza e dúvida.

Mas, como todos os problemas, este apresenta a você uma oportunidade. A capacidade de inspirar confiança se tornou mais rara e, portanto, mais valiosa — particularmente se você explorar as recomendações a seguir.

A sabedoria de Cole

"Confie em Alá, mas amarre seu camelo."
— Provérbio árabe.

Algumas pérolas do marketing vêm da boca das crianças.

Esta veio logo após o Natal de 1999. Eu e meu filho de 5 anos, Cole, estávamos entrando em um estacionamento da Barnes & Noble. Cole notou um cartaz em uma vitrine perto da livraria e o leu em voz alta do banco de trás do carro.

"Venda ... especial ... apenas ... esta ... semana!" Aquilo não convenceu Cole.

"Eles só estão tentando fazer você entrar e comprar coisas", disse ele. "Isso não é realmente especial."

Cinco anos de idade.

Com 5 anos, Cole concluiu que não se pode confiar nas empresas ou em seus anúncios. "Venda", "especial" ou "apenas esta semana" são somente palavras.

Cole é o cliente de hoje. Ele acha que você dirá qualquer coisa para vender. Você está vendendo para céticos. Mais do que nunca deve ser honesto e convincente — simplesmente para obter um público.

Só diga aquilo em que as pessoas acreditarão; elas apreciarão a honestidade e a modéstia e começarão a confiar em você.

A honestidade é a melhor tática.

O modo mais rápido de fazer com que acreditem em você

Admita um ponto fraco.

As pessoas que revelam algo negativo sobre seus serviços realizam mais negócios. Os psicólogos insistem em que isso pode ser facilmente explicado. Nós presumimos que as pessoas que revelam um ponto fraco tendem a só dizer a verdade — mesmo quando isso as prejudica.

Revelar um ponto fraco também seduz e desarma o possível cliente e ajuda a estabelecer a base comum sobre a qual os bons relacionamentos são construídos.

Admitir um ponto fraco freqüentemente é a melhor estratégia.

Um Wolverine e o Princípio do Conforto

Como os possíveis clientes escolhem?

Para descobrir, vamos examinar um possível cliente — Adam Stenavich — e como ele escolheu a universidade.

Uma pesquisa sugere que os estudantes são muito influenciados pelas recomendações dos pais ao escolherem as universidades. Depois dessa influência, a mais forte é a reputação da universidade, o campus e a proximidade da casa do estudante; quase nove em dez estudantes freqüentam universidades a até 240km de distância da casa dos pais.

A pesquisa nos diz isso. Prestar atenção nos diz mais.

Pense no jovem Sr. Stenavich, de Marshfield, em Wisconsin. No final do terceiro ano, em junho de 2000, sua constituição física de 1,85m e 118kg havia chamado a atenção daqueles que recrutavam jogadores de futebol universitário. Como Adam queria ficar perto de casa e em um time forte, rapidamente reduziu as opções a duas: a University of Wisconsin, cujo time recentemente vencera o Rose Bowl, e a University of Michigan, com o time sempre entre um dos vinte melhores.

As chances eram a favor de Wisconsin, a universidade mais próxima. Adam escolheu Michigan.

Foi por influência dos pais? De modo algum. Eles preferiam Wisconsin.

Foi em decorrência da ótima reputação acadêmica de Michigan? Não. Adam considerava as duas universidades iguais do ponto de vista acadêmico.

Então por que Michigan, a universidade mais distante?

"Eu conheci os jogadores", disse Adam.

A reputação, o campus e o time de futebol de Michigan levaram os Wolverines para as finais. Mas, como os possíveis clientes de todos os serviços, Adam não escolheu a universidade. *Ele escolheu o relacionamento.* Conheceu os jogadores e gostou deles.

Os conceitos básicos o fazem entrar no jogo. Então os relacionamentos prevalecem, em todos os serviços, dos de universidades aos de quiropráticos.

Cultive o seu dom de se relacionar — e o de todo o grupo.

O que os melhores vendedores vendem (em ordem)

A si mesmos.
   A empresa.
   O serviço ou produto.
   Preço.

Venda-se primeiro.

O que os vendedores comuns vendem (em ordem)

Preço.
   O serviço ou produto.
   A si mesmos.
   A empresa.

Venda o preço por último.

Como ler uma lista de candidatos

No verão de 2000, O.J. Oshinowo, de Naperville, em Illinois, havia reduzido a lista de universidades a cinco: Purdue, Illinois, Georgia Tech, Nortwestern e Stanford.

Como ocorre com todas as listas de candidatos, a de O.J. fornecia informações úteis para cada instituição: as percepções, as inclinações e os temores dele.

A lista de O.J. revela pelo menos três coisas:

1. Ele quer se tornar engenheiro. Todas as cinco universidades são conhecidas na área de engenharia. (As instituições também poderiam presumir que O.J. está interessado especificamente em engenharia elétrica, porque *U.S. News & World Report* classificou Purdue e Georgia Tech em primeiro e segundo lugar nessa especialização.)

2. Ele prefere um time de futebol competitivo, mas não dominante — uma descrição exata de todas as cinco universidades.

3. Se duas universidades parecerem iguais, ele escolherá a mais perto de casa. Três das cinco principais universidades estão a um dia de carro de Naperville.

Vendo a lista, os selecionados de Stanford deveriam ter se sentido otimistas naquele verão. O programa de engenharia de Stanford perde apenas para o da MIT — que não tem time de futebol — e seu time havia jogado no Rose Bowl apenas seis meses antes. E, ao contrário de muitos possíveis clientes, a inclusão por parte de O.J. de duas universidades longe de Naperville sugeria que ele estava disposto a deixar o Centro-Oeste. Os recrutadores de Stanford deveriam perceber que, se pudessem dirimir as preocupações de O.J. com a distância até Palo Alto, poderiam vencer a batalha do marketing.

Como as listas da maioria dos possíveis clientes, a de Oshinowo diz a essas finalistas como se posicionar. Northwestern, a universidade mais perto de Naperville, deve enfatizar as vantagens da proximidade. Stanford deve superá-las. Melhor ainda, os selecionadores de Stanford devem fazer o que todo bom apresentador faz: não só neutralizar a desvantagem como também transformá-la em algo benéfico.

Eles podem fazer isso gravando um videoteipe dos atuais estudantes de Stanford que são de Illinois, descrevendo as experiências, o valor de ver uma parte diferente da América e a beleza da baía de San Francisco.

A lista de candidatos de seu possível cliente revela as preferências e percepções dele sobre você e os concorrentes.

Ela sugere, por exemplo, uma preferência por empresas com experiência em sua categoria?

O possível cliente prefere as "marcas registradas"?

> *A decisão final de Oshino-wo revelou ainda mais sobre as atrações entre serviços e possíveis clientes. Oshinowo estava preparado para ir para a Northwestern, na mais próxima Evanston, Illinois. Mas escolheu Stanford e mencionou uma das coisas que mais o atraíram nela: um dos principais professores de engenharia elétrica era, como Oshinowo, nigeriano.*

A lista sugere que ele está se fiando na reputação de uma ou mais empresas? Por exemplo, depois de ver a lista de Oshinowo, os selecionadores de Stanford poderiam se preocupar com o fato de ele acreditar que todas as cinco universidades têm programas intensivos de engenharia, quando apenas quatro os têm. Você deve instruir os possíveis clientes menos informados sobre sua área de atuação e tentar estender o processo de seleção para aumentar as chances de tomarem conhecimento da verdade.

O que eles estão procurando?

O que temem?

O que consideram ponto forte e fraco? (Se, por exemplo, um possível cliente está entrevistando empresas razoavelmente grandes e a sua é pequena, demonstra que prefere empresas grandes, mas levará em consideração a pequena. Sabendo disso, você pode perguntar: Do que esse possível cliente gosta nas empresas maiores? Que características e habilidades de uma grande empresa a nossa tem?)

Esse estudo também pode lhe dizer se você deve prosseguir — ou poupar tempo e dinheiro de uma mera exibição. Se, por exemplo, quatro das cinco empresas forem parecidas umas com as outras, mas diferentes de você, o possível cliente pode já ter se decidido por essa característica comum e estar convidando você apenas por cortesia ou curiosidade. Se, por exemplo, quatro das universidades de Oshinowo estivessem a um dia de carro de Naperville, Stanford deveria pensar em desistir e gastar o tempo e os recursos limitados em melhores possíveis clientes.

Estude todas as listas de candidatos. Elas fornecem mais informações do que você pode imaginar.

Como ler uma lista de candidatos II

Antes de qualquer apresentação, faça uma lista dos concorrentes.

Ao lado do nome de cada empresa escreva como um possível cliente se descreveria, usando uma palavra positiva e uma negativa. Isso lhe dirá como se posicionar na abordagem de vendas.

Esse gesto dirá três coisas importantes.

1. Como o possível cliente vê você e os concorrentes? Você deve aceitar essa visão, ainda que errada.
2. Qual ele acha que pode ser o ponto fraco? Corrija-o.

3. Quais são os pontos fortes que ele vê nos concorrentes? Um passo-chave: *prepare-se para questionar os pontos fortes e reposicioná-los como fracos.*

Se, por exemplo, o concorrente é um especialista e você não, enfatize a vantagem de trabalhar com um generalista nessa situação em particular.

Conheça as posições dos concorrentes e use a sua posição como tema. Comece e termine a apresentação com esse tema, apoiado por motivos fortes e convincentes para o possível cliente escolhê-lo.

Posicione-se em todas as apresentações. Estudar a lista de candidatos do possível cliente o ajudará.

Bata com um martelo de veludo

Alec Baldwin deu a Jack Lemmon e a vários outros vendedores apavorados típicos alguns conselhos sobre vendas no filme *Sucesso a qualquer preço*.

"O segredo é o ABC[1], cavalheiros.

Estar sempre fechando um negócio."

---

[1]De *Always Be Closing*: estar sempre fechando um negócio. (*N. do T.*)

O conselho clássico de Baldwin pode se aplicar a todos os produtos. Mas se você estiver vendendo o produto principal da Nova Economia — serviços — esqueça-se do ABC.

Os produtos são feitos por outra pessoa; os vendedores agem meramente como intermediários. Podem se entusiasmar: "Não é uma beleza?" ou "Não é surpreendente?" sem ofender o possível cliente. Estão apenas se entusiasmando com um carro produzido por alguns alemães talentosos.

Agora mude o que os vendedores estão vendendo de um conversível vermelho alemão para um serviço — digamos, uma consultoria em TI. E se eles vendessem do mesmo modo como vendem o carro? E se dissessem, "Nossa empresa é surpreendente — a melhor da região"?

> *Um bom exemplo de reposicionar o ponto forte de um concorrente como um ponto fraco: muitas agências estatais são obrigadas pelas leis de seus estados a fazer licitações e ouvir apresentações para as empresas terceirizadas — como por, exemplo, de serviços legais, contabilidade, consultoria e propaganda — em intervalos específicos. A empresa que atualmente trabalha com a agência estatal é convidada e, com freqüência, a grande favorita — nem que seja porque é a que a agência conhece. Naturalmente, a incumbente destaca como ponto forte a longa experiência de trabalho com a agência. As empresas concorrentes deveriam demonstrar respeito pela incumbente e seu trabalho, e uma intenção de se basear nele, mas melhorá-lo com uma perspectiva nova. Deveriam transformar o aparente ponto forte da incumbente em um ponto fraco.*

Elogiar um carro é aceitável e compreensível: muitos produtos, como carros, canetas e cachecóis, para citar apenas três, podem ser elogiados. Mas quando você elogia os serviços de sua empresa, está fazendo algo diferente.

> *Freqüentemente os serviços são agressivos demais em sua propaganda e ultrapassam o limite sutil entre apregoar e se gabar. A excelente escola de negócios da University of Pennsylvania, a Wharton, recentemente lançou uma campanha para atrair estudantes. O título proclamava: "Em Wharton, nós não ensinamos as regras do negócio. Nós as escrevemos." Entre outras falhas, a propaganda consegue fazer uma das mais prestigiosas escolas da América parecer uma estranha surgida do nada, gritando para ser ouvida.*

Está se gabando.

Para vender agressivamente e "estar sempre fechando um negócio", você precisa se entusiasmar e se elogiar. Quando o que vende são serviços, isso soa como prepotência — e nem mesmo os prepotentes gostam de outros prepotentes.

Os clientes apreciam a humildade — motivo suficiente para nunca vender agressivamente de novo. Vá com cuidado e devagar.

Ao vender, seja afável.

Um jogo de dar e receber

Certa vez o grupo The Supremes deu um bom conselho sobre vendas. "Você não pode apressar o amor. Só tem de esperar."

Você não pode apressar um relacionamento. E, como hoje em dia as vendas envolvem vender um relacionamento, você não pode apressar a venda do serviço.

Só precisa esperar.

Apresse a venda e poderá realizá-la, mas perderá um cliente. O motivo vem do estudo dos relacionamentos fortes: os limites.

Duas pessoas conseguem ter um relacionamento forte indo além dos limites que costumam estabelecer entre si mesmas e os outros. Mas cada parte vai além dos limites e entra na vida da outra pessoa apenas com seu consentimento, sempre reconhecendo a individualidade e os limites. Mesmo juntas, as pessoas precisam se manter separadas para se desenvolver.

A venda agressiva viola essa regra. Quem a pratica se apressa, ignorando a necessidade de consentimento, e não respeita o limite alheio. "E daí? Tenho uma cota a atingir." Isso não funciona. O possível cliente se sente desrespeitado — porque os limites foram desrespeitados.

Venda devagar.

Por que a venda agressiva se tornou mais difícil

Uma grande empresa de terceirização americana recentemente apresentou na reunião anual dois números de vendas reveladores.

Primeira linha, 1998: 17% de aumento de novos clientes.

Segunda linha, 1999: 19% de aumento de clientes perdidos.

Os dois números estavam interligados. Um número alarmante de clientes perdidos incluía os que eram novos no ano anterior. A empresa os havia obtido estimulando os vendedores a vender mais agressivamente. Como acontece com a maioria dos clientes expostos a vendas agressivas, os novos clientes se sentiram impelidos a comprar e esperaram o que as vendas agressivas sempre prometem: o melhor Quando a empresa lhes ofereceu menos que isso, eles fugiram, desapontados.

Na verdade, esses clientes não tinham realmente comprado. Tinham se rendido; render-se era mais fácil do que dizer não. Significava o fim do bombardeio de telefonemas, e que eles poderiam voltar a uma relativa calma.

As vítimas das vendas agressivas raramente se tornam clientes constantes — em parte porque, desde o início, sentem-se pressionadas. Na primeira oportunidade, mudam de fornecedor.

O dano aumenta. Os antigos clientes freqüentemente criticam a empresa para outras pessoas, o que reduz a quantidade de possíveis clientes.

A venda agressiva encolhe o mercado.

O resultado final da venda agressiva é o ganho de um cliente a curto prazo e a perda de um a longo, e de vários no futuro: um prejuízo líquido.

Esqueça-se da venda agressiva. Assegure aos possíveis clientes que seu serviço tem um valor real, mas você entende que as decisões demandam tempo.

Respeite as necessidades e os limites desses possíveis clientes. Periodicamente, lembre-os de que você está interessado e à disposição se precisarem de mais informações.

Em resumo, trate os relacionamentos comerciais como se fossem pessoais: dê-lhes tempo e espaço para crescer.

E mais uma coisa: se você se perguntar se está pressionando muito um cliente, é porque está.

A venda agressiva faz você perder negócios.

O que Esopo e Jesus fariam?

"Conta uma história, papai."

Há um pedido mais familiar em qualquer idioma?

Por que as crianças são tão obcecadas por histórias a ponto de "história" ser uma das primeiras palavras que elas aprendem? Porque as histórias ajudam os seres humanos a entender as idéias.

Esopo e Jesus devem ter sabido instintivamente o que um bem conceituado professor de neurofisiologia disse há pouco tempo: que o caminho neural direto mais antigo no cérebro humano é para as histórias. Quando cada homem queria ensinar lições de moral e ética, escolhia as histórias como sua ferramenta — Esopo contava fábulas e Jesus apresentava parábolas.

As histórias dominam nossa vida. Dominam todas as formas de entretenimento, novelas e literatura de não-ficção, filmes e peças, até mesmo a dança e a música. *Candle in the Wind* foi a comovente narração de Elton John da história da breve vida de Marilyn Monroe e, mais tarde, de Lady Diana. Nossos noticiários noturnos repetem história após história, como Garret Morris nos lembrou em *Saturday Night Live* com sua introdução às notícias para os deficientes auditivos, berrando "OUR TOP STORY TONIGHT!"[1]

As crianças e os adultos adoram histórias. Quando somos crianças, nos escondemos com lanternas sob lençóis porque temos de descobrir, naquela noite, como a história termina. Na idade adulta, você anda pelos corredores entre as filas de assentos dos aviões e vê cinqüenta pessoas lendo: quarenta lêem romances, enquanto as outras lêem histórias em livros e revistas.

As histórias ajudam as pessoas a entender — as fazem ouvir e *ver*.

Além disso, chegam a lugares aonde nenhuma descrição pode chegar: os corações das pessoas. Pense, por exemplo, nas muitas tentativas de definir "amor". Um autor criou uma definição popular, chamando o amor de "consideração positiva incondicional".

Isso não descreve o amor em todo o seu esplendor? Não, assim como o melhor modo de descrever as qualidades especiais de sua empresa não é com meras afirmações e descrições, como "focada no cliente", mas com histórias que transmitam claramente essas qualidades.

---

[1]"NOSSA PRINCIPAL HISTÓRIA DA NOITE!" (*N. do T.*)

Ajude os possíveis clientes oferecendo-lhes o que eles adoram: histórias.

Aperfeiçoe sua narração de histórias.

Lições do Colorado: encontre a Força

Os sócios da Go.edu, em Westminster, no Colorado, se sentiram num impasse.

Durante meses os quatro tentaram vender os serviços de consultoria para um distrito escolar do Colorado. "O que estamos fazendo de errado?", perguntaram uns aos outros. "Estamos dizendo algo errado?"

O problema era típico: estavam dizendo a coisa certa para a pessoa errada. O contato deles não tinha poder na organização. Não tinha credibilidade junto a outros executivos distritais. Na verdade, os colegas consideravam o argumento da Go.edu a prova de que a empresa era fraca.

Como milhões de vendedores ao telefone neste momento, a Go.edu escolhera a pessoa errada. Não estava alcançando a Força.

Ao vender serviços, alinhe-se com a Força — a pessoa com influência, poder e inclinação para agir. Antes de você se aproximar de um possível cliente, determine quem é influente e pode fazer uma decisão ser tomada rápido o suficiente para tornar o possível cliente lucrativo e satisfatório.

Se você entrar em uma empresa pela mão de uma pessoa fraca, será enfraquecido pela associação a ela e acabará com o negócio antes mesmo de poder propô-lo.

Encontre a Força antes de vender.

O significado dos sinais afirmativos que o possível cliente faz com a cabeça

Um representante experiente da Merrill Lynch marcou uma reunião com um casal de clientes. A agenda continha uma linha: venda um investimento para a herança inesperada que o casal recebeu recentemente.

O consultor, W.H., sentiu-se abençoado por negociar com esse casal porque eles entendiam de investimentos. A mulher era uma contadora pública registrada e possuía mestrado em administração de empresas, além de ser uma antiga associada da Peat Marwick. O marido era consultor de várias empresas de investimento e pensava em investir.

W.H. sabia que esses clientes gostariam das recomendações — um fundo especializado em empresas européias em setores em desenvolvimento, como os da tecnologia da informação e das telecomunicações.

W.H. fez seu discurso bem ensaiado. O casal fez sinais afirmativos com a cabeça várias vezes. No final eles agradeceram a W.H., disseram que estudariam a recomendação e acenaram quando W.H. saiu pela porta. W.H. estava radiante: pensou que havia feito a venda. Mas enquanto ele dava pulos de alegria, os clientes coçavam a cabeça.

— O que ele disse? — perguntou o marido à mulher.

— Eu não sei, pensei que você tinha entendido, já que estava fazendo sinais afirmativos com a cabeça.

— Você também estava!

Eles tinham feito sinais afirmativos porque não queriam parecer estúpidos. Acharam que W.H. havia feito aquele discurso para dúzias de possíveis clientes e que todos o tinham entendido. O casal não quis parecer tolo. Por isso, eles fizeram sinais afirmativos.

Essa cena de W.H. e os "sinais afirmativos com a cabeça" está ocorrendo em todos os lugares nesse momento com milhões de vendedores e possíveis clientes.

Quando as pessoas fazem sinais afirmativos com a cabeça, freqüentemente não estão entendendo. Pare e explique. Então volte depois do discurso e apare todas as arestas.

Se um possível cliente fizer um sinal afirmativo com a cabeça, pare.

Por que as pessoas recebem com frieza os telefonemas não solicitados

"Nunca ouvi falar de você."

"Você telefonou para o meu trabalho."

"Você está me interrompendo."

"Como conseguiu meu telefone?"

"As coisas vão tão mal que você tem de telefonar para estranhos para fechar negócios?"

"Por que eu deveria comprar algo de alguém de quem nunca ouvi falar?"

As pessoas se sentem mais confortáveis com as empresas que acham que conhecem — e desconfiam daquelas das quais nunca ouviram falar. Você deve se tornar conhecido.

Saia, encontre pessoas e se relacione. Ignore a política de Groucho Marx de nunca entrar para um clube que o aceitaria como sócio; seja sócio de um. (Mas jamais faça algo ou entre para um clube no qual você não esteja realmente interessado. Você não terá afinidade com os outros participantes — uma chave para um relacionamento duradouro.)

De algum modo, torne todos os telefonemas mais calorosos.

Venda como se estivesse marcando um encontro

Você é uma mulher e o telefone toca. Você atende e ouve esse incrível convite.

"Oi, você não me conhece, mas eu sou David. Quer sair para almoçar?"

Esse telefonema não solicitado funciona?

Um serviço é um relacionamento entre um fornecedor e um cliente. Dito isso, o que você realmente está fazendo quando dá um telefonema não solicitado para vender um serviço? Está convidando um estranho a ter um relacionamento com você.

Quais são as chances de que dê certo?

Os telefonemas não solicitados causam frieza.

Por que os telefonemas do Goldman Sachs não são recebidos com frieza

Os telefonemas do Goldman Sachs não são recebidos com frieza. Tampouco o são os da Kleiner Perkins, State Farm, Russell Reynolds e Merck. Não podem ser. Esses bons nomes tornam todos os seus telefonemas calorosos.

O marketing dessas empresas tornou seus nomes tão familiares que as pessoas as atendem normalmente. Quando o Goldman Sachs telefona, elas ouvem.

Isso sugere um teste-chave: O marketing está funcionando tão bem que torna calorosos todos os seus telefonemas de vendas?

Se não está, reveja o marketing. Enquanto você estiver fazendo isso, telefone apenas para os possíveis clientes cuja frieza você já venceu.

O bom marketing acaba com a frieza.

Lembre-se de Eddie Haskell

Seu público inclui quatro pessoas: o chefe e três funcionários.

A quem você deve se dirigir? Quem deve conquistar?

Os funcionários. O chefe sabe que é chefe e não precisa ser lembrado disso. Mas os funcionários se sentem como subordinados. Se são subordinados típicos, acham que merecem o título de chefe e a bajulação que o acompanha.

Como os funcionários são sensíveis a qualquer sinal de que você os considera inferiores, deve fazer com que se sintam importantes. Dirija-se ao chefe com muita freqüência e todos — os funcionários e o chefe — concluirão que você é um descarado bajulador.

Adoramos as pessoas que nos respeitam como iguais e detestamos as bajuladoras — motivo pelo qual Eddie Haskell, de *Leave It to Beaver*, foi um vilão perfeito.

Se você considera os subordinados de seu possível cliente como subordinados, guarde os portfólios e volte para o escritório. Em vez disso, mude a visão que tem de seu público.

Trate os funcionários como chefes e os chefes como funcionários.

Um truque para melhorar suas palestras

"E agora, com grande orgulho, apresento a vocês nossa oradora — embora ela dispense apresentações. Sua carreira brilhante..." Por que a maioria das palestras começa assim?

Porque essa apresentação funciona. Garante que a oradora é brilhante. Então você a ouve e a acha brilhante — não porque seja, mas porque foi levado a acreditar nisso.

Esse é outro exemplo de efeito placebo. Você experimenta o que espera experimentar. A apresenta-

ção o fez esperar brilho e você o experimentou —
mesmo se não existiu.

Na véspera de sua palestra, envie a cada possível
cliente um resumo do perfil de seu apresentador —
um que crie a percepção de que "essa pessoa é realmente boa". Para se certificar de que o público "ouvirá" a apresentação, coloque diante de todos na
platéia uma breve pauta com uma curta biografia de
cada apresentador. Para garantir que todos a lerão,
mesmo se for apenas para passar o tempo antes de
sua palestra, faça com que a pauta seja o único item
na frente de cada pessoa na platéia.

Faça pelos apresentadores o que os apresentadores espertos fazem pelos oradores principais: crie
uma grande expectativa.

Venda os apresentadores antes de dar sua
palestra.

Los Angeles — cidade proibida e a Regra do Contato

Um entrevistador perguntou ao produtor de cinema Arnon Milchan como o diretor Curtis Hanson o
convenceu a produzir *Los Angeles — cidade proibida*, indicado para o Oscar de melhor filme de 1998.
O que havia nessa história?

Era mais do que uma história.

"Antes de você ouvir a história", disse Milchan, "olhe nos olhos do diretor. O olhar que recebi de Curtis foi de paixão — e decência".

Como os gregos, acreditamos que os olhos revelam a alma. Presumimos que quem se recusa a fazer um contato visual está escondendo algo — e provavelmente estamos certos. Estudos mostram com freqüência que, quando mentem, as pessoas não olham nos olhos dos ouvintes.

O contato visual envolve as pessoas e as ajuda a confiar em você e na mensagem. Tudo que interrompe o contato por algum tempo reduz as chances de sucesso.

Para evitar interromper o contato, use recursos visuais apenas para transições ou para ilustrar pontos críticos. De resto, mantenha o contato visual. Ele aumenta a confiança.

Use recursos visuais com parcimônia.

Lincoln não tinha slides em Gettysburg

A Galactic Inc. acredita que está fascinando seu possível cliente com slides diversos que destacam a excelência da empresa.

As luzes se acendem. O possível cliente elogia o trabalho e o insight da Galactic e promete telefonar em breve. Dois dias depois, telefona.

"Desde que abolimos o PowerPoint, há vários anos, nossas ações subiram."
— Scott McNealy, fundador e presidente,
Sun Microsystems

Tinha fechado negócio com a Global.

Os apresentadores da Galactic não sabiam que aquela chuva de tópicos acabaria por afogá-los. Por quê?

Porque não importa o que você venda, não vende coisas; hoje em dia, nem mesmo os produtos são produtos. São soluções precedidas de um serviço — conselho — e seguidas de outros serviços, inclusive suporte. Isso significa que você não está vendendo slides, embora a obsessão de algumas empresas com o PowerPoint possa sugerir o contrário. Está vendendo as pessoas que mostram os slides.

Sugere que o segredo da apresentação não é apresentar bem suas *idéias*. É apresentar bem seu pessoal.

Quando os possíveis clientes olham para slides, não vêem o que está sendo vendido: você. Se você escurece a sala para um efeito dramático, só confere mais drama ao seu problema. Agora os possíveis clientes não estão olhando em seus olhos — onde os relacionamentos são formados — *e* não o estão ouvindo. Estão lendo.

Naturalmente, você pode surpreendê-los ao usar essa prática perigosa. Basta dizer algo que não apareça no slide.

Mas isso os faz hesitar. Eles se perguntam se entenderam o slide, porque o que você diz parece diferente do que leram. Sentem-se desligados, distraídos e desconfortáveis, o que torna quase impossível lhes vender alguma coisa.

Você deve olhar nos olhos deles.

As regras sobre provas refletem esse ponto. A Regra da Testemunha Indireta proíbe que as partes admitam como prova uma afirmação feita por alguém fora do tribunal. Essa pessoa deve aparecer diante dos jurados, porque a regra também acredita que os olhos são janelas para a alma. Os jurados devem poder olhar nos olhos da pessoa que faz a afirmação, para avaliar se ela é digna de crédito e sincera.

Seus clientes também podem fazer o mesmo. Portanto, só use slides para ilustrar um ponto que você não possa expressar tão bem em palavras. Caso contrário, faça um contato visual.

Os possíveis clientes não podem escolher no escuro.

Como aumentar suas chances

Um lendário treinador do Bit Ten certa vez disse que três coisas podem acontecer quando você passa uma bola de futebol, e duas são ruins. O mesmo princípio se aplica às apresentações.

Somente uma coisa pode dar errado quando você não usa slides: esquecer o que ia dizer. Se isso acontecer, você pode abaixar os olhos para ver o resumo e recomeçar. Fácil e sem maiores danos.

E se você está fazendo sua apresentação e aparece o slide errado, ou não aparece nenhum?

O que acontece?

Tudo pára. Você começa a ficar nervoso porque não sabe ao certo como resolver. Faz uma piada sem graça sobre tecnologia. Os ouvintes, que antes estavam atentos, afundam em suas cadeiras. Você tenta resolver o problema enquanto as pessoas na platéia olham para os relógios e para o teto e se perguntam:

"O problema já não deveria ter sido resolvido?"

"A pessoa não ensaiou?"

"Não podia ter um bom equipamento?"

"E se não consegue se apresentar, o que mais não consegue fazer?"

Corte os slides. Isso cortará os riscos.

As apresentações de slides não impressionam

"Nós temos de preparar um monte de slides", insiste o executivo de contas. "Esse possível cliente ficará impressionado."

Não, não ficará. Trinta slides não transmitem o quanto você sabe. Sugerem que você tem tão pouco conhecimento de seu material que precisa de trinta slides para mostrá-lo.

As pessoas que conquistam a confiança de possíveis clientes não precisam de slides ou anotações. As anotações estão em suas cabeças para que possam ter rápido acesso a elas.

Para impressionar um possível cliente, não leia. Fale.

Lembre-se: isso é um recurso visual

Nós as chamamos de recursos visuais. Elas ajudam as pessoas a chegar ao ponto desejado. E são visuais — existem para dizer milhares de palavras, porque nenhum membro da platéia pode ler tantas.

Um slide apenas com palavras não é nem visual nem uma ajuda. Não auxilia você a se comunicar; só distrai o público. Faz as pessoas na platéia se perguntarem se deveriam ouvir ou apenas ler.

Muitas pessoas não conseguem resistir a olhar para um slide. Então olham. E quando fazem isso, não vêem você — e geralmente também não o ouvem.

Ponha duas dúzias de palavras em uma tela e o público as lerá — e ignorará você. Se, em vez disso, você usar uma imagem simples — a foto da Torre Eiffel, por exemplo, para enfatizar a experiência de sua empresa na Europa — o público, sem nada para ler, o ouvirá.

A imagem simples fornece um fundo de cena bonito e relevante e não oferece às pessoas nada que as faça esquecer do que estão comprando:

Você.

Se você tiver de usar recursos visuais, use recursos "visuais".

Embalando a idéia ousada ou conservadora

Até mesmo os radicais são conservadores — particularmente em relação a seus empregos e contas bancárias.

Então como vender uma idéia nova?

Faça-a parecer menos radical. Vista-se de maneira conservadora: terno escuro, sapatos clássicos bem engraxados, camisa ou blusa clara e de uma só cor, e nenhuma jóia.

Quando, em 1980, o arquiteto Michael Graves apresentou a idéia ousada para a nova prefeitura de Portland, em Oregon, ele usou a roupa preferida dos políticos conservadores da cidade: uma jaqueta de tweed Harris.

Se você teme que sua idéia possa parecer muito conservadora, faça o contrário. Seja mais ousado. Use, por exemplo, uma peça colorida e um relógio fora do comum. (Um M&Co., particularmente o modelo com o 12 aparecendo onde o três deveria estar, quase sempre é notado.) Vista-se de modo que assegure que sua empresa é criativa, mas intencionalmente e por motivos lógicos escolheu essa solução mais conservadora.

Embale as idéias ousadas conservadoramente e as idéias conservadoras ousadamente.

Quando em Roma, faça como os romanos

Diga-me com quem andas e te direi quem és. Os possíveis clientes escolhem fornecedores de serviços com quem têm gostos em comum.

Daí, uma regra da apresentação freqüentemente violada: vista-se como seu público, mas apenas um pouco melhor.

O "melhor" transmite que sua apresentação é importante — e que as pessoas na platéia também são. O "como" transmite que você é como elas e o deixa mais à vontade, algo que o público sempre percebe. E sem se vestir com muita pompa para a ocasião, você garante a seus possíveis clientes que não está tentando ofuscá-los.

"Mas eu visito fazendeiros", disse um planejador financeiro de Iowa. "Um terno deixará os clientes desconcertados." As roupas adequadas não desconcertam as pessoas; as roupas pretensiosas sim. Detestamos as pessoas que se dão ares de superioridade, que se vestem para se exibir e intimidar, ou nos colocar em nosso lugar. Essa mensagem nunca vende, independentemente de você a transmitir com palavras ou roupas.

Você deveria mudar de roupa antes de ir à fazenda? Não para assumir o papel do fazendeiro. Fazer isso é tão pretensioso quanto se vestir como Donald Trump e transmite a idéia de que você está tentando agir como alguém que não é.

Um agente de relações públicas da Quaker Oats certa vez demonstrou esse princípio, que se vestir informalmente demais pode ser tão desconcertante quanto se vestir com muita pompa. Enviado para convencer um clube de corrida do Oregon a co-patrocinar uma corrida em Portland, em 1987, ele adotou o clássico estilo do Noroeste do Pacífico: uma camisa de lã Pendleton. Quando se apresentou em Portland, vários dias depois, as pessoas do Oregon não puderam deixar de perceber na camisa os vincos que indicavam que ela havia acabado de sair da caixa, e o quanto parecia incongruente com um corte de cabelo a navalha de 45 de dólares e óculos de aviador dourados.

A apresentação do Sr. Eu Sou Igual a Vocês deparou-se com ouvidos surdos.

Vista-se corretamente e com certo apuro.

Enfatize as coisas positivas

As pessoas detestam mensageiros de más notícias.

Tome cuidado para não dizer nada que possa parecer negativo. Você está transmitindo um sentimento e é bem-sucedido quando seu público vai embora se sentindo bem.

Nunca ameace esse espírito. Nunca critique a sala, o tempo, o desempenho do time local na noite anterior — nada. As palavras negativas poluem o ar do ambiente e também o marcam como uma pessoa negativa.

Shakespeare estava certo há mais de quatrocentos anos, quando disse:

"Deixai que as más notícias se revelem por si sós."

Enfatize as coisas positivas e evite as negativas.

Dion e a Regra de Três

Quando o cantor de rock Dion decidiu prestar uma homenagem a quatro líderes americanos que morreram jovens, não chamou sua canção de Abraham, Martin, John e Bobby. Deixou Bobby de fora.

Dion entendia a Regra de Três. As pessoas se lembram facilmente do Pai, do Filho e do Espírito Santo. Lembram-se dos Três Mosqueteiros, dos Três Porquinhos, dos Três Ursos e dos Três Ratos Cegos, para não falar em Atkinson, Topeka e Santa Fe; "Winken, Blinken and Nod"[1]; Peter, Paul e Mary.

Os Três Patetas sabiamente pararam no terceiro, mas os Irmãos Marx não. Originalmente havia um quarto e o que aconteceu? A maioria dos aficionados por cinema se lembra de Groucho, Harp e Chico, mas não de Zeppo (ou mesmo de que havia um quinto irmão Marx, Gummo).

Tente se lembrar dos Sete Anões. A maioria das pessoas rapidamente se lembra do Soneca e do Dunga, e então pára para pensar. Dependendo de seus temperamentos, elas se lembram de Feliz ou Zangado. Então começam a tentar se lembrar dos outros — são nomes demais.

As pessoas que vêem um slide com quatro pontos sabem subconscientemente que não podem processar todos — e deixam passar todos os quatro pontos.

---

[1]Poema infantil popular escrito por Eugene Field. (*N. da T.*)

Seu público se sente sobrecarregado quando entra na sala — tem trabalho e incumbências a realizar e e-mails a responder.

Se você tiver de usar slides, não os entulhe de coisas.

Edite cada slide de modo que fique com apenas três linhas e depois as reduza a três palavras. Isso incentiva a disciplina, faz você se concentrar em pontos mais fortes, torna a mensagem mais convincente e dá ao público mais tempo e motivos para olhar para você.

Duvida? Olhe para esta linha de uma apresentação recente de uma empresa Fortune 100.

- Aumento nas vendas para 125% dos níveis de 2000.

Agora olhe para a linha a seguir, que diz o mesmo:

- Vendemos 25% mais.

Três pontos, três palavras cada.
(P.S.: Mestre, Atchim e Dengoso.)

Pense em pterodátilos e tufões

Você está dirigindo pela auto-estrada e ela lhe parece familiar. Começa a se cansar e a perder a concentração. Subitamente algo o faz despertar. Uma placa, em que está escrito:

Pterodátilos amigos, 1.609km.
(Traga sementes para pássaros. Muitas.)

Palavras incomuns fazem isso. Quebram a monotonia e exigem atenção. Suas apresentações também devem ser assim. Reveja seu material e procure oportunidades de substituir palavras comuns por incomuns.

Pense neste slide típico de uma apresentação recente feita por uma corretora para investidores.

"Previsão para o próximo trimestre."

Você esteve lá e leu isso. Começou a devanear. Agora imagine essa mensagem com uma expressão menos comum:

"O próximo trimestre: tempestades à vista?"

Muito melhor — como lhe diriam os olhos bem abertos do público. Mas as pessoas os abririam ainda mais se você continuasse a editar. Por exemplo, "tempestades" é ambíguo e trivial. Que tal algo mais específico e dramático?

"O próximo trimestre: um furacão se aproxima?"

Melhor, mas continue.

"O próximo trimestre: um tufão se aproxima?"

"Tufão" funciona melhor porque essa palavra é usada com menos freqüência do que "furacão". Os tufões são furacões que se originam no Oceano Pacífico.

Procure modos incomuns de dizer coisas comuns.

BLUE MARTINI E OMAHA SURFING

A marca tranqüilizadora

Tendência-chave: a ascensão dos invisíveis e intangíveis

Ele vendia máquinas hidráulicas — ou assim pensava. Descreveu-me seu negócio enquanto voávamos para a Filadélfia; balançando a cabeça pontuava as observações, surpreso com as mudanças. Eu tive de perguntar:

— Qual é o seu negócio? Vender máquinas hidráulicas?

— Não. Ninguém as compra. Todos fazem boas máquinas hidráulicas; trata-se de uma indústria já desenvolvida.

— Então, o que você vende?

— Nossa capacidade de resolver os problemas dos clientes.

É o que quase todos vendem hoje em dia.

— Na verdade — disse ele —, meus clientes compram um relacionamento. Comigo.

Todos nós vendemos o intangível — freqüentemente na forma de "soluções" — e relacionamentos.

Pense nos fabricantes de softwares. Antigamente eles embalavam seus disquetes pretos em grandes caixas coloridas. Por quê? Porque tinham de fazer os disquetes parecerem maiores e mais valiosos para justificar os preços.

Quando os softwares se desenvolveram e se tornaram mais parecidos, os fabricantes começaram a acrescentar serviços para distingui-los, chamando isso de "valor agregado".

> *Como prova da ascensão dos serviços, a Hewlett-Packard recentemente participou de uma concorrência para a aquisição do grupo de consultoria da PricewaterhouseCooper, e a Hitachi adquiriu a divisão de consultoria de e-business da Grant Thornton LLP. Os fabricantes tradicionais estão se tornando fornecedores de serviços com divisões de fabricação de produtos.*

Hoje, o que os fabricantes de softwares vendem? Oferecem o software como um serviço de assinatura ou brinde — o que foi caracterizado pelo envio por parte da AOL de uma grande quantidade de disquetes gratuitos. Eles não vendem mais disquetes — produtos; vendem uma série crescente de serviços que colocam os fabricantes de softwares não contra os fabricantes de produtos, mas contra a Accenture e outras empresas — outros serviços.

Pense nos homens inteligentes por trás da TiVo. Eles parecem ter criado um aparelho semelhante a um videocassete. Mas o que o plano de negócios desses homens diz que estão vendendo? Assinaturas dos serviços que vêm com o aparelho.

A TiVo, como quase todo mundo hoje em dia, vende serviços.

Olhe para os "revendedores de valor agregado"[1]. Qual é o valor agregado deles? Os serviços. Os clientes querem que os VAR organizem a confusão e recomendem um sistema confiável. Querem insights, conselhos e suporte. Querem — como nos lembra aquele clichê dos últimos vinte anos — uma solução. Se a solução vier acompanhada de alguns produtos, ótimo.

---

[1]Value-added resellers, VAR. (*N. do T.*)

BLUE MARTINI E OMAHA SURFING   171

As pessoas também se tornaram serviços. Nossos pais eram empregados. Eles entravam para empresas em que esperavam trabalhar durante anos e finalmente "ganhar relógios de ouro".

Hoje nós mudamos de carreira sete vezes na vida. As revistas de negócios nos dizem que somos "marcas únicas", "agentes livres" e o "serviço chamado você". A princípio, esses títulos parecem ridículos.

E depois não.

Não somos mais empregados; somos serviços. Em muitos ramos, somos o Agente Único Temporário. Vinte anos atrás, o grande problema na avaliação de uma proposta de emprego era o valor dos benefícios do empregado. Hoje é a portabilidade desses benefícios; nós podemos transferi-los mais facilmente para nosso próximo emprego?

A crença cada vez maior em que o Google se tornou o mecanismo de busca mais claro, rápido e melhor foi apoiada pelo bem conceituado colunista de tecnologia do Wall Street Journal, Walter Mossberg, em sua coluna de 1º de maio de 2000. Mossberg disse que o Google era "um farol em um mar de confusão", "extraordinariamente veloz", "totalmente rápido, inteligente e honesto" e "simplesmente o melhor site de busca que eu já usei". Contudo, o Yahoo! ainda estava vencendo o Google na batalha por usuários. Finalmente o Yahoo! admitiu a superioridade do Google e comprou os direitos de uso do Google como sua ferramenta de busca.

Mas se praticamente tudo e todos são serviços, o que deveríamos *mostrar* aos possíveis clientes para vender nossos serviços e a nós mesmos? Se estivermos vendendo bolsas de couro, podemos deixar os clientes "verem por eles mesmos". Bonitas? Obviamente. Resistentes? Parecem indestrutíveis. Genuínas? Cheiram como uma sela feita à mão.

Mas e se estivermos vendendo o que fazemos, ou seja, os nossos serviços? Os possíveis clientes não podem vê-los, e ver é crer, o que leva a comprar.

Como tornar nossa excelência visível?

Esse é o nosso primeiro desafio. O próximo é estabelecer a confiança, e nossa principal arma é a marca. As pessoas acreditam no desempenho dela. Mas o mais notável é o segundo principal impacto. Como mostram exemplos como os testes para o Extra Strength Rogaine, as marcas fazem as pessoas acreditarem que os produtos e serviços realmente funcionam bem, *mesmo quando não funcionam.*

As marcas criam satisfação.

Nos testes de pré-mercado do Rogaine, 40% dos homens que o usaram insistiram em dizer que fez crescer cabelos — embora o "Rogaine" deles fosse apenas óleo e água; estavam no grupo de controle. *Achar que estavam usando Rogaine os fez ver cabelos novos.*

Durante anos, o portal da Internet e mecanismo de busca Yahoo! lançou o mesmo feitiço. A maioria das pessoas achava que o Yahoo! era divertido, porque soava divertido. Elas também presumiam que, como viam o nome Yahoo! com tanta freqüência, devia ser bom e todos o estavam usando. Então usavam o Yahoo! e evitavam mecanismos de busca comprovadamente superiores, como o Google.

Nesta era de intangíveis, o primeiro princípio é: *torne seu negócio e sua excelência tangíveis e visíveis.* Aquelas representações visíveis — a marca e os componentes, inclusive o nome, a embalagem e o preço — atraem os clientes e aumentam a satisfação deles.

George sempre vence Al

Nós queríamos dizer a todos quem venceria a eleição de 2000 seis meses antes do dia da votação, mas não podíamos acreditar em nossos dados.

Todas as pesquisas de opinião diziam que Bush não tinha qualquer chance. Milhões de americanos diziam que ele não parecia inteligente e Will Ferrell, em *Saturday Night Live,* ficou famoso por fazer piadas sobre isso. George W. Bush parecia derrotado por todas as razões — menos uma.

Em 1998, havíamos testado uma teoria sobre a influência dos nomes com nosso painel de teste de nomes — um grupo que usamos para descobrir as possíveis interpretações dos nomes propostos de produtos e serviços. Queríamos ver se os nomes dos candidatos influíam nas eleições.

Nós criamos uma lista de 85 nomes de homens que escolhemos aleatoriamente. Pedimos a 16 pessoas para classificarem cada nome por sua força e autoridade. Depois comparamos os resultados com os primeiros nomes dos candidatos de todas as eleições presidenciais americanas do século XX. (Sim, Adlai[1] e Calvin[2] estavam entre nossos 85 nomes "aleatórios".)

---

[1] De Adlai Stevenson, candidato duas vezes à presidência dos Estados Unidos e derrotado em ambas por Dwight Eisenhower. (*N. da E.*)

[2] De Calvin Coolidge, presidente dos Estados Unidos entre 1923 e 1929. (*N. da E.*)

O nome "mais forte e com mais autoridade" ganhou todas as eleições.

Quando a eleição de 2000 se aproximava, eu me lembrei daquela pesquisa, particularmente da alta aceitação de "George" e da baixa de "Al" — uma diferença que sugeria que Bush venceria Gore.

E ele venceu.

Esse teste não é conclusivo, mas certamente sugere o que os profissionais de marketing freqüentemente vêem: que o nome muda o modo como os possíveis e atuais clientes se sentem — e a decisão de compra deles.

Trabalhe arduamente o seu nome.

O que há em um nome?

Em 13 de abril de 2001, a empresa editorial on-line internet.com anunciou que estava mudando de nome para refletir melhor sua atividade editorial mais convencional — e evitar o estigma das empresas "pontocom".

Na segunda-feira, os mercados abriram. No final do dia, as ações da empresa tinham subido 18%.

Os nomes valem ouro.

O Princípio da Familiaridade

Você compra um novo CD de sua banda favorita. Leva-o para casa, o escuta e fica desapontado: só há uma canção que o agrada em todo o CD.

Você o ouve de novo. Ei, aquelas outras canções também parecem boas! E você adora a primeira. Com o passar do tempo, o número aumenta. Após ouvir o CD seis vezes, muitas canções se tornaram suas favoritas. O que aconteceu?

A familiaridade produz atração. Quanto mais você ouve algo, mais gosta dele.

Quanto mais você vê alguém, mais tende a gostar dessa pessoa. R.F. Bornstein e dois outros psicólogos demonstraram isso em um experimento de 1987. Os pesquisadores projetaram subliminarmente em telas fotos dos rostos de várias pessoas — tão rapidamente que, quando depois os entrevistados viram as fotos de novo, nenhum deles se lembrou de já ter visto qualquer um daqueles rostos. Contudo, quanto mais o rosto da pessoa era projetado na tela, mais os entrevistados gostavam daquela pessoa quando a conheciam depois.

Familiaridade produz apreço.[1]

Pense em outro exemplo. Qualquer um em qualquer lugar pode comprar ações de uma das sete

---

[1]Essa pesquisa foi divulgada em "The Generalizability of Subliminal Mere Exposure Effects", de R.F. Bornstein, D.R. Leone e D.J. Galley, *Journal of Personality and Social Psychology* 53 (1987): 1070-79, e mencionada em *O poder da persuasão*, de Robert B. Cialdini, Rio de Janeiro: Campus (2006).

Baby Bells, — as empresas telefônicas regionais criadas pela divisão da AT&T. Ao escolher uma dessas sete ações, o investidor pode ler muito sobre cada Baby Bell — sobre o valor e o rendimento por ação, press-releases e novas histórias.

Com todas essas informações disponíveis e seu desejo presumido de investir na Baby Bell mais promissora, o que os investidores fazem?

Escolhem a Baby Bell em sua região.

Esses investidores não dispõem de nenhuma informação interna. Os investidores de Denver não sabem mais sobre a Baby Bell local, a Qwest, do que os investidores na Qwest em Dubrovnik.

Eles não se baseiam em informações.

Compram com base na familiaridade. O investidor de Denver vê o nome da Qwest em cartazes, anúncios e caminhões — em uma dúzia de lugares. Quando decide investir, compra Qwest não porque seu futuro pareça melhor, mas porque é familiar. Acha que conhece a Qwest, embora saiba muito pouco sobre ela. O conhecimento o conforta.

Qual é o valor da familiaridade? Pense no estudo da Corporate Branding LLC do desempenho das ações das 32 empresas com as marcas mais familiares e bem vistas.

"Ninguém, exceto a Casa da Moeda, pode fazer dinheiro sem publicidade."
— Thomas Macaulay

Naquela década, as trinta empresas que formavam o índice Dow Jones Industrial Average geraram um retorno médio de 309% sobre os investimentos, e as empresas Standard & Poor's 500 um retorno de 308%. E as 32 empresas com as marcas mais familiares?

Quatrocentos e dois por cento.

As marcas produzem familiaridade — e negócios.

Torne-se conhecido.

Conhecê-lo é amá-lo

Todos conhecem a frase "familiaridade produz desrespeito". Nos negócios, produz apreço.

Como prova disso, veja a relação consideravelmente íntima entre a "lembrança espontânea da marca" e o "apreço" nestas empresas bastante conhecidas, avaliada pela Landor Associates:

Levi's: 58% a 63%
General Motors: 65% a 60%
Pepsi: 67% a 61%

Você vê correlações parecidas em empresas muito menores, por um motivo já visto em suas experiências. Por exemplo, você tem duas opções de tinturaria: uma na qual já ouviu falar e outra desconhecida.

"Eu ouvi falar dela, deve ser boa", aconselha a voz interior. Você escolhe a conhecida e desconfia da desconhecida.

Torne-se conhecido. Escolha um nome memorável e o exiba bem visivelmente — como em sua pasta para papéis ou nas etiquetas de sua bagagem — para que as pessoas possam lê-lo a 3m de distância.

Conhecer você é preferi-lo.

Torne seu nome conhecido rapidamente.

O que a Fidelity e a Vanguard mostram a você

Em 1999, a Janus, a Fidelity e a Vanguard representavam três dos cinco maiores fundos mútuos americanos.

Em uma pesquisa de famílias nos Estados Unidos, os americanos classificaram o desempenho das três empresas em primeiro, segundo e terceiro lugares.

Contudo, somente a empresa Janus era o que parecia ser. Sua família de fundos era a primeira das principais 54 famílias. A Fidelity e a Vanguard ficaram muitos pontos percentuais atrás — em 35º e 37º lugares respectivamente.

Enquanto isso, uma pequena família de fundos chamada BlackRock se destacava em 1999, com o desempenho classificado em oitavo lugar. Mas as vendas líquidas totalizavam apenas 5 milhões de dólares, comparadas com os 36 bilhões de dólares da

Janus, 14 bilhões de dólares da Fidelity e 14 bilhões de dólares da Vanguard. A BlackRock ganhava, porém perdia.

Se os possíveis clientes ouviram falar de você, você deve ser bom. Se ouviram falar muito, deve ser ótimo — mesmo que não seja.

Lembre-se da BlackRock: a familiaridade se sobrepuja ao desempenho.

A familiaridade e a nova Regra 80/20

Os cinco grandes fundos — Janus, Fidelity, Vanguard, Pimco e Alliance — atualmente representam 1% das famílias de fundos da América e, contudo, captam 85% do fluxo de caixa líquido para os fundos americanos.

Os livros de negócios costumam mencionar a Regra 80/20, segundo a qual 20% de nossos esforços produzem 80% de nossas recompensas, 20% dos vendedores realizam 80% de todas as vendas e, na variação da história do peixe, 20% dos pescadores pegam 80% dos peixes.

Mas essas cinco empresas detêm quase quinhentas vezes mais o total de ativos do que o fundo concorrente médio — o que sugere que o impacto da marca pode ser uma exceção dramática e explosiva à Regra 80/20.

As marcas não ajudam as empresas a avançar pouco a pouco sobre os concorrentes; ajudam-nas a esmagá-los.

Lembre-se da Regra 85/1: as marcas podem esmagar seus concorrentes.

Entendendo sua marca: comida para adultos da Gerber e limonada salgada

A Gerber tentou vender comida para adultos, e fracassou.

A Frito-Lay tentou vender limonada, e fracassou.

A American Express está tentando vender descontos na corretagem, e está fracassando.

Todas essas três empresas se depararam com obstáculos que você também pode encontrar: suas marcas.

A Gerber vende comida para bebês. Comida para adultos parece horrível.

A Frito-Lay vende salgadinhos. Limonada salgada parece repulsiva.

A American Express é um clube de prestígio. Um desconto na corretagem parece um contra-senso. Nenhuma dessas empresas poderia pular para fora de suas marcas, e você — ou a Empower — também não pode.

Empower é a alcunha de uma agência de recursos humanos. Em 1998, seus executivos, como muitos executivos americanos, perceberam que consultoria era algo irresistivelmente lucrativo. Eles não podiam ignorar a Prova A dessa proposição, a Arthur Andersen. A Arthur Andersen passou de uma bem-sucedida empresa de contabilidade para uma empresa de contabilidade e consultoria muito mais lucrativa, antes de implodir em duas empresas separadas — principalmente porque os consultores se cansaram de partilhar sua maior riqueza com os contadores da Andersen. (Uma mudança inteligente e que se revelou feliz.)

Centenas de empresas americanas imitaram a Arthur Andersen e acrescentaram consultoria a seus serviços. Em 1999, até mesmo a Microsoft se autodenominava uma consultoria focada em tecnologia da informação, integração de sistemas e implementação de internet e intranet.

Os executivos da Empower viram uma grande oportunidade nas necessidades de seus clientes de conselhos sobre questões de recursos humanos, como recrutamento, equipes, contratação e treinamento. Mas a pergunta desses executivos não deveria ter sido: "Os clientes da Empower precisam desses conselhos?" É claro que eles precisavam, assim como as pessoas querem "comida para adultos", limonada e descontos na corretagem. Deveria ser: "Os clientes da Empower comprariam esses serviços da Empower?" Comprariam consultoria sobre recursos humanos de uma agência de recursos humanos?

A maioria não compraria. O motivo não era que a Empower não tivesse talento, experiência ou habilidades.

Ela não tinha a marca.

As agências de recursos humanos têm a reputação da marca: são organizadoras. As boas podem lhe garantir que na próxima segunda-feira sessenta pessoas competentes baterão à sua porta para fazer trabalhos definidos por um tempo limitado. As agências de recursos humanos não são solucionadoras de problemas — pessoas bem educadas, versadas e que conseguem ver o quadro global e resolver um grande problema. Elas vêem os quadros restritos e resolvem dúzias de problemas menores.

As empresas organizadoras não são solucionadoras de problemas. Isso significa que as agências de recursos humanos não podem ser empresas de consultoria — assim como as empresas que vendem salgadinhos não podem fazer limonada.

A Empower tentou ir além dos limites da marca dela e, como a Gerber, a Frito-Lay, a American Express e outras, estava destinada ao fracasso.

Sua marca também tem limites.

Se você deseja oferecer serviços além da sua marca, crie uma unidade separada com um nome diferente, ou uma nova operação fora da sede. (Até mesmo pôr duas empresas sob um só teto pode reduzir a força de cada marca.)

Como alternativa, alie-se a uma empresa com acesso ao seu mercado. (A Empower, por exemplo, poderia ter se aliado a uma consultoria que não atuasse na área de recursos humanos.) Ofereça a essa aliada compromissos partilhados, contatos com seus clientes-chave e outros incentivos.

Seja o que for que você fizer, reconheça que parte do poder da marca provém da forte concentração em um mercado estreito, porém rico. Perca essa concentração tentando expandi-la e você poderá perder a marca — e todas as recompensas que a acompanham.

Olhe antes de pular para fora de sua marca.

Os limites de toda marca

Imagine que você está produzindo um documentário sobre o Dia D.

Você coloca um anúncio na *Variety* procurando alguém que o ajude a escrevê-lo.

Um dia após a publicação do anúncio, recebe duas respostas, cada qual com uma carta de apresentação e um currículo.

O primeiro currículo: premiado autor de folhetos, anúncios, press-releases, filmes industriais e comerciais, documentários, anúncios e artigos.

O segundo: experiente autor de documentários/ produtor especializado na história militar da América e Europa modernas.

Quem você contrata?

A segunda pergunta, talvez igualmente importante, é: se você precisasse de um press-release para seu documentário sobre o Dia D, contrataria o primeiro candidato? Ou esperaria um candidato melhor?

Você esperaria. Mesmo se o primeiro candidato pudesse escrever press-releases brilhantes, você presumiria que ele não poderia. Havia se expandido muito, feito coisas demais. Nós sempre achamos que os especialistas são melhores do que os generalistas. Um "pau pra toda obra" é mestre em coisa nenhuma.

Um dia as pessoas acreditaram no generalista. Por exemplo, as que viveram em 1560 acreditaram que Erasmo sabia tudo. Em 1500, uma pessoa *podia* saber tudo; podia ler todos os livros da maior biblioteca do mundo lendo um livro por semana durante quatro anos. Hoje não se acredita, por exemplo, que a mesma pessoa possa escrever dúzias de canções de sucesso, apresentar *The Tonight Show*, atuar em peças de teatro, escrever comédias alegres, tocar piano e produzir ensaios articulados sobre ética.

Em resumo, nós não acreditamos mais que Steve Allen poderia existir.

A era da informação e a sempre crescente complexidade da vida mataram o homem da Renascença, o Steve Allen, o mestre em muitas obras. Hoje se acredita que nenhuma pessoa ou empresa pode se distinguir em muitas tarefas e que somente os especialistas podem se distinguir em uma.

Para ser visto como excelente, uma qualidade que todo cliente busca, você deve limitar sua especialidade.

Conheça seus limites — especialmente os impostos por sua marca.

Mil palavras?

Na década de 1980, um teste revelador circulou pelas empresas da América. Pedia às pessoas para estudar dúzias de símbolos de empresas famosas e relacionar a empresa ao símbolo.

Poucas pessoas puderam identificar até mesmo 25% dos símbolos. Na verdade, poucas puderam identificar um símbolo. Os símbolos, que eram vários quadrados, círculos e triângulos e tinham por objetivo parecer sofisticados e contemporâneos, pareciam sem sentido e indistinguíveis.

Para desconcertar ainda mais as empresas e os designers por trás dos símbolos, o autor do teste incluiu trechos de press-releases de várias empresas. Um press-release típico anunciava que aquele novo símbolo de triângulo da Heroic International sugeria energia e dinamismo. Como o triângulo é a letra grega delta, o símbolo da mudança nas ciências, o triângulo comunica às pessoas mudança, mesmo àquelas sem formação em cálculo e física.

O que as pessoas viram naqueles triângulos? Viram triângulos musicais, placas de trânsito ou pirâmides com linhas nelas. Outras viram o Egito, picos de montanhas e chapéus em forma de cone. Ninguém — ninguém! — viu *mudança*.

Ao criar símbolos — palavras ou imagens — você deve reconhecer a primeira lei da comunicação: O importante não é o que você diz, é o que as pessoas ouvem; não é o que você comunica, é o que é comunicado.

Se você precisar explicar o símbolo, ele não está comunicando.

Os símbolos devem transmitir a qualidade e o caráter único. Se você quer ser considerado inovador, não pode usar um símbolo usado por outras empresas inovadoras. Se as pessoas acham que você é apenas outra pequena empresa, seus símbolos — suas palavras e imagens — devem combater imediatamente essa percepção.

Mas não importa o que você diga, diga *alguma coisa*. Transmita a mensagem; transmita alguma mensagem. Como mais mensagens estão inundando pessoas com menos tempo para processá-las, os símbolos que comunicarem mais venderão mais.

Comunique a mensagem. Use imagens.

Entendendo os símbolos

"Não me dê um símbolo para nossa empresa", insiste o executivo de serviços profissionais. "Não somos como um refrigerante. Temos uma história. Vamos apenas contá-la."

O executivo entendeu mal. Você conta sua história com palavras, talvez, mas as palavras também são apenas símbolos. Quando você diz "azul", a palavra "azul" não é a cor. Apenas a simboliza. Quando escreve "azul", essa palavra escrita não é a cor, é apenas um símbolo escrito da palavra falada.

As palavras escritas são apenas símbolos de símbolos.

Igualmente importante é que muitas imagens são mais vívidas do que as palavras. Você reage muito mais fortemente à visão de uma bandeira americana do que à leitura destas duas palavras: "bandeira americana". A bandeira nazista provoca muito mais horror do que a palavra "nazista". E certamente nós podemos presumir que muito menos copos descartáveis seriam vendidos se fossem decorados com até mesmo uma pequenina bandeira nazista.

As imagens são mais reais do que as palavras.

Você tem de contar suas histórias com "meros símbolos"; não tem outro modo de fazer isso. E como os símbolos visuais são mais vívidos e reais, as imagens visuais são os modos mais simples, rápidos e memoráveis de se comunicar.

Um símbolo pode dizer mil palavras. Em nossa era de excessiva comunicação, é mais do que as palavras conseguirão transmitir.

No mundo atual, os símbolos falam mais alto do que as palavras.

Entendendo os símbolos: o Pirates de 1965

O time de futebol Neah-Kah-Nie Pirates de 1964 havia tido um desempenho lamentável. Prevendo o jogo final do Pirates contra o também perdedor Banks Braves, o Oregonian de Portland, apelidou a competição de Futility Bowl [Taça da Futilidade] (O Neah-Kah-Nie ganhou pelo quase previsível placar de 7-0).

Apenas nove meses depois, a maioria dos jogadores do Pirates voltou para a temporada de 1965.

Pouco no time tinha mudado desde o ano anterior. Contudo, um fã poderia notar duas pequenas mudanças, uma em cada lado de cada capacete. Acima do buraco da orelha direita havia estrelas vermelhas do tamanho de moedas de 25 centavos, cada qual simbolizando um ótimo jogo defensivo desse jogador.

Sobre a outra orelha, um símbolo mais vívido: o crânio e os ossos cruzados do pirata.

O Pirates entrou na batalha naquele mês de setembro. No final do ano, a equipe havia batido recordes de defesa — fazendo bolas caírem no chão, recuperando-as e interceptando-as — e permitido menos de dois *touchdowns*[1] por jogo. Apenas um ano depois da temporada do Futility Bowl de 1-8, o Pirates ganhou sete jogos e perdeu apenas dois.

De 1-8 para 7-2, do Futility Bowl do *Oregonian* a 11ª posição entre os times do estado, o que mudou? Foram os jogadores? Eles eram apenas os secundaristas de 1964 e estudantes do penúltimo ano, um ano depois. Contudo, algo havia claramente mudado.

Foram os símbolos. Os Pirates jogaram como Pirates porque se pareciam com eles. Bateram mais forte porque os símbolos comunicavam: "Você é um Pirate. Jogue como um." As estrelas vermelhas agiram como pequenas condecorações de batalha e inspiraram os jogadores a ganhá-las.

Os símbolos e as imagens mudam atitudes. Por exemplo, pesquisadores descobriram, no final da década de 1990, que as pessoas realmente pensam que os maus sujeitos usam preto. Os juízes de futebol profissional penalizavam os times que usavam uniformes pretos com mais freqüência do que os outros — e mais vezes do que penalizavam esse mesmo time quando ele usava uniformes mais claros. A bandeira britânica, as roupas de camuflagem, o dedo

---

[1] O *touchdown* é o principal objetivo no jogo de futebol americano, alcançado quando o jogador consegue levar a bola até a linha de fundo do adversário. (*N. da T.*)

médio — os símbolos inspiram e acalmam, provocam e evocam. Simples como são e, em grande parte, *porque* são tão simples em nossos tempos complicados, os símbolos funcionam. Eles podem encorajar, inspirar e mudar as pessoas que os usam. Como aqueles Pirates de 1965.

Os símbolos falam e tocam.

Lições da Lowe's

As lojas Lowe's estão funcionando, mas seu nome não está.

Trinta anos atrás, o nome Lowe's teria funcionado para uma cadeia de lojas de artigos para reparos domésticos. Os nomes importavam menos quando havia menos empresas e menos concorrência. Se você é o dono da única loja desse tipo em sua cidade, pode chamá-la de Petúnia, Peter ou Penélope. Isso não importa muito. Você é *a* única loja.

Mesmo quando surgiu alguma concorrência, o nome ainda não era crítico.

> *Como nossos cérebros guardam no mesmo arquivo coisas que parecem similares, nós confundimos produtos e serviços com nomes similares. Por exemplo, fãs casuais de arte confundem regularmente Monet com Manet. Estudantes de Literatura ouvem o título* Ode a uma Urna Grega *e sabem imediatamente que foi escrito por Yeats ou Keats — mas se perguntam qual deles.*

Os possíveis clientes podiam comprar uma chave de parafuso na Acme ou na Superior. Com menos opções, podiam aprender o suficiente sobre cada uma para distingui-las.

Hoje as opções são multiplicadas e remultiplicadas. Os possíveis clientes podem escolher entre sete Premiers, cinco Superiors e dúzias de outras. Eles não podem escolher objetivamente.

Hoje a Lowe's tem um problema com os investidores. Com tamanha proliferação de nomes, eles ouvem Lowe's e pensam na Loew's, a cadeia de cinemas, em uma época em que os cinemas, inclusive da Lowe's, estão fechando em toda parte, como um resultado do excesso de construção de complexos comerciais na década de 1990.

Durante anos, possíveis clientes de agências de publicidade confundiram Benton & Bowles com BBDO, assim como clientes mais recentes telefonam para Martin Williams após verem o trabalho da The Martin Agency, que admiram.

O que há em um nome? Freqüentemente, confusão.

Na Era das Muitas Opções, como aumentar as chances de ser escolhido? Você deve se distinguir imediatamente — em seu nome.

Não confunda as pessoas. Escolha um nome inconfundível.

Eleve sua mensagem

Você dirige uma agência de recursos humanos e recrutamento de executivos que trabalha com clientes corporativos em apenas cinco setores. (Uma boa estratégia porque as pessoas preferem o especialista ao generalista.) Embora a maioria das agências de recursos humanos seja pequena e local, a sua atua, com freqüência, no exterior.

Em virtude de suas duas importantes distinções — especialização em cinco setores e experiência internacional —, você deve evitar o nome genérico típico que caracteriza seu ramo (nomes como First-Staff, ExecSearch, ProStaff e muitos clones). Em vez disso, o nome deve transmitir a idéia de "especializado e internacional".

Pense, por exemplo, em usar uma palavra estrangeira e que, portanto, soe como internacional, para dizer *especializado*. A língua italiana lhe oferece uma: *specialiste*.

Então, para eliminar toda ambigüidade, acrescente a descrição ao nome de sua empresa. Em seus cartões de visitas, cartazes, folhetos e anúncios, a assinatura de sua empresa poderia agora ser:

"*Specialiste*. Agência internacional especializada em recursos humanos."

Apenas essa nova assinatura poderia fazer a maioria dos clientes presumirem que você é mais experiente e qualificado do que a agência regional típica. Relacionando claramente os cinco setores em que você é especializado, os possíveis clientes verão que é especializado no setor deles, o que sempre é uma característica desejável.

(Um dos mais importantes princípios dos negócios e do marketing é que todos acham que seus ramos de atividade são únicos. Você deve se aproximar de todos os clientes tendo isso em mente.)

Seu novo nome transmite e lembra constantemente às pessoas o que o distingue e o torna bom. Pense nos bons nomes (embora não necessariamente bons negócios) a seguir.

Stamps.com. Um lugar — muito possivelmente *o* lugar — para comprar selos on-line.

LivePerson. Ótimo: esse é um serviço que, de certa forma, confere voz humana ao seu site.

SmartForce. Treinamento eletrônico de empregados, especialmente para vendedores.

Esses nomes transmitem rapidamente as características distintivas de seus respectivos serviços. Incorpore neles a mensagem da empresa.

Incorporar seu nome à mensagem da empresa melhorará seu marketing e simplificará sua venda. Na era de um milhão de opções, um nome que transmita imediatamente sua característica distintiva entrará em mais listas de candidatos e mais apresentações. Melhor ainda, as pessoas se lembrarão de sua característica distintiva, reconhecerão que você tem uma e sempre verão um bom motivo para escolhê-lo.

Eleve sua mensagem.

A engenhosidade da Kinko's

Você deseja comer boa comida italiana. Que restaurante escolheria? Italian Cuisine ou Giuseppi's?

Giuseppi's. Você associa nomes genéricos ou comuns como Italian Cuisine a serviços banais.

Essa associação parece óbvia. Então por que milhões de empresas escolhem nomes banais como Fast Printing, Consulting Associates ou, o mais banal de todos, Law Offices?

A Kinko's não esmagou seus concorrentes em impressões rápidas apenas com serviços superiores. Pulverizou-os com um nome de que todos se lembram — um nome único que soa contracultural e faz as pessoas presumirem que a Kinko's é única.

O nome da Kinko's não designa a empresa. *É gravado na mente das pessoas.* Elas o ouvem uma vez e se lembram dele uma semana depois, enquanto os concorrentes têm de repetir seus nomes dúzias de vezes para que sejam lembrados.

O nome da Kinko's também sugere uma atitude — um tempo em que as pessoas poderiam voltar a experimentar os anos de mais liberdade que adoravam. Em contrapartida, nomes de concorrentes da Kinko's como Copies to Go não prometem a seus clientes que eles experimentarão coisa alguma. Apenas o nome dá à Kinko's uma vantagem sobre a concorrência.

> *A costa noroeste do Oregon é o lar das empresas com os nomes mais genéricos do mundo. Acima de sua loja de presentes na pequena Garibaldi há um letreiro com o nome "Stuff and Things".*

O nome da Kinko's começa o marketing de suas lojas. Diferencia-as, dá aos possíveis clientes uma sensação positiva e transmite mensagens que diminuem o fardo de seus vendedores e as comunicações de marketing.

Para parecer especial, soe como se fosse.

Por que as lojas de fotocópias enfrentam problemas

Uma treinadora corporativa pára na Rapit Printing, no centro da cidade de Pittsburg, e faz vinte cópias de uma apresentação futura.

Um mês depois, na noite antes da apresentação, ela descobre que precisa de mais quarenta cópias. Pensa naquelas vinte que fez, pelo que se lembra na Insty Prints. Então telefona para lá para confirmar se está aberta, entra em seu carro e refaz sua rota do mês anterior, para a Rapit Printing. Ela está fechada.

Insty Prints, Rapit Printing, Speedy Print — quem sabe qual é a diferença, quem pode distingui-las?

Esta história está acontecendo neste momento; as

> *A Pepsi conhece bem esse problema. Muitas pessoas que vêem seus comerciais acham que são de Coca-Cola. O oposto também acontece, mas com menos freqüência.*

pessoas estão confundindo empresas com nomes parecidos. Estão recomendando a amigos cujas empresas precisam de consultoria tecnológica que telefonem para a IMI, quando queriam dizer EDS. Estão levando seus Saturns batidos para o Collision Center, quando os amigos recomendaram a Collision Company.

E estão dirigindo para a Rapit Printing pensando que é a Insty Prints.

Quando você escolhe para sua empresa um nome comum e, portanto, fácil de ser confundido, anuncia seus concorrentes e perde outra oportunidade de tornar seu nome conhecido.

Evite um nome comum.

Sir Isaac Newton, um ser humano

Estranho esse título.

Obviamente Newton era humano. Por que as palavras desnecessárias?

Newton não precisa delas, assim como o eBay não precisa acrescentar a seu nome "serviços de leilão on-line". É apenas eBay. Assim como é apenas Amazon, Fallon e Russell Reynolds. Aqueles Young Turks em Sandhill Road podem legalmente ser registrados como "Benchmark Venture Capital", mas todos os conhecem apenas como Benchmark.

Seu nome deveria designá-lo, não descrevê-lo. Se você lhe acrescentar uma descrição, todos a cortarão — assim como cortaram *Bank* de Wells Fargo, *Television* de CNN e *Restaurant* de Patina e Charlie Trotter's.

Dê nome ao seu negócio e pare por aí. Qualquer acréscimo de informação desacelerará sua comunicação, diminuirá a clareza de sua logo e fará com que as pessoas não se lembrem de seu nome.

Trata-se de um nome, não de uma descrição.

Omaha Surfing e Jefferson Airplane

Paul Alexander chamou a biografia que fez de Sylvia Plath, em 1991, de Rough Magic [Magia rude]. O título fazia as pessoas pararem nas livrarias. "Como a magia pode ser rude?", perguntavam-se. E compravam o livro para descobrir a resposta.

E se *Vendendo o invisível* fosse intitulado *Vendendo serviços hoje*? Teria ido parar nas prateleiras de promoções, implorando pelo dinheiro das pessoas. Mas *Vendendo o invisível*? "Como você pode vender o que ninguém vê?", perguntavam-se os clientes. E compravam o livro para descobrir a resposta.

As contradições cativam. As pessoas se sentem impelidas a decifrar esses enigmas, chegar a conclusões e eliminar o desconforto da incerteza.

Pense na cerveja Irish Red. Essa contradição funciona sutilmente, mas bem. As pessoas associam a Irlanda a verde. Vermelho é o oposto de verde — na verdade, diretamente oposto na roda das cores. A contradição entre Irlanda e Red[1] se estabelece. Nós nos lembramos de Irish Red.

A Alpine Climbing School apresenta uma pedra artificial de 20m para a prática de alpinismo. Contudo, seu nome banal faz a escola parecer banal e não transmite sua característica distintiva: aquela enorme pedra.

Para transmiti-la, a escola deveria pensar em um nome contraditório — como Pequeno Everest. Esse nome também a faria parecer divertida para os alpinistas iniciantes e menos experientes, um grupo grande que a escola precisa conquistar para crescer.

Em 2001, os profissionais de marketing que divulgavam o livro Amanda's Wedding *entenderam claramente o poder das contradições. Seu título dizia: "Você está sendo cordialmente convidado para um fiasco."*

Pense nas contradições com que você se deparou. Elas o fizeram parar, o dominaram e nunca o deixaram.

Jefferson Airplane, por exemplo. Há um monumento e um memorial a Jefferson — mas um avião de Jefferson? Esse nome era ainda mais provocador em sua época, porque os no-

---

[1] Vermelho. (*N. do T.*)

mes dos grupos de rock antes de Buffalo Springfield e Jefferson Airplane sempre usaram o plural, como Beatles, Supremes e Crickets. Um nome singular para um grupo de pessoas era uma contradição surpreendente — e, portanto, eficaz.

Guerra e paz? Ao mesmo tempo? Não deveria ser Guerra, *depois* Paz? Mas e se Tolstoi tivesse dado ao seu clássico esse título mais convencional e não contraditório?

As contradições são estranhas, e a estranheza funciona. Os nomes estranhos são gravados na memória — inclusive na de seus possíveis clientes.

Para encontrar um nome memorável, tente contradizer-se.

Os clientes adoram coisas estranhas

Tropical North é um bom nome para um salão de bronzeamento em Frostbite Falls, porém mais possíveis clientes notam e se lembram de Red Hot Tundra.

Por quê?

Afinal, os dois nomes transmitem a mesma idéia. Com quatro sílabas cada e 13 e 12 letras respectivamente, nenhum deles é longo demais.

Red Hot Tundra funciona melhor, em parte porque os americanos raramente usam a palavra "tundra", mas têm lembranças vagas suficientes de suas aulas de geografia para perceber a contradição entre "tundra", que é encontrada nos climas árticos, e "red hot"[1].

Além disso, "red hot" é mais do que "tropical". Esse adjetivo tem um elemento visual — a vermelhidão — e um tátil — quente ao toque — que tropical não tem. Para quanto mais sentidos uma palavra apela, mais facilmente é lembrada.

Encontre um nome incomum. Ele se destacará e se tornará mais rapidamente conhecido.

Os nomes incomuns fazem você ser notado e lembrado.

Blue Martini, Loudcloud e outros peixes fora d'água

Embora poucas palavras retenham muito valor no comércio, nem tudo está perdido.

A Blue Martini fez sua oferta pública inicial no verão de 2000 e alcançou um valor de 12 dólares

---

[1]Ardente. (*N. da T.*)

por ação, outra vitória para o presidente Monte Zweben.

Marc Andreessen, o fundador da Netscape, atraiu a atenção de milhões de pessoas quando anunciou como segundo ato a Loudcloud.

O Yahoo! continua a confundir os especialistas com seu domínio do portal da internet — mecanismo de busca e alto valor de mercado.

Como várias empresas mais antigas, essas descobriram o poder do incomum — das empresas chamadas Blue Martini, Loudcloud e Yahoo!.

O Federal Express percebeu esse poder com "quando definitivamente, incontestavelmente tem de estar lá em 24 horas". Uma redundância como "definitivamente, incontestavelmente" em um slogan, que por definição é sucinto, era inédita — e ajudou o serviço a decolar.

Os fundadores da Toys "Я" Us reconheceram esse poder quando escolheram esse nome deliberadamente estranho, escrito de um modo propositalmente incomum. Uma letra virada para trás? O que era aquilo?

A estranheza funciona. Se todos se sentem confortáveis com o nome que você propõe, provavelmente ele é familiar demais e não funcionará.

Continue a procurar um.

Torne-se desconfortável.

Como pensar em coisas estranhas

Mais de duzentas empresas de Minneapolis-St.Paul se chamam "Summit", "Pinnacle" ou "Alpine"[1]. (Eu não sei exatamente quantas em Denver — uma área de fato montanhosa — usam esse nome.)

Nenhuma dessas empresas chama muita atenção e todas estão em situação desvantajosa. Seus nomes não são marcantes onde devem ser: nas mentes das pessoas.

Se elas insistem em ser associadas a picos, deveriam pensar no nome 7.924m ou, para provocar sorrisos nos fãs de música pop, Eight Miles High.

Se você insiste em usar metáforas familiares para dar nome à sua empresa, encontre um modo estranho de expressá-lo. No caso de Alpine, pegue essa metáfora da montanha e vá além — como fizeram os inventores de um mecanismo de busca excepcional. Após passar vários dias olhando para nomes possíveis nos quadros de seus escritórios de Palo Alto, alguém casualmente encontrou uma alternativa incomum.

Por que não o nome Alta Vista — um nome latino para "vista de um ponto alto"? Uma metáfora comum agora é mais memorável e demonstra um princípio-chave da escolha de nomes: ir além do óbvio.

---

[1] Pico, Pináculo e Alpino, respectivamente. (*N. da T.*)

Ao escolher um nome, nunca pare na primeira palavra ou frase que transmitir a mensagem. As primeiras associações são muito banais. Vá mais fundo nas lembranças, experiências e associações.

O que você associa a montanhas? Acampamento-base é um nome melhor do que Summit? E que tal Linha das Árvores, Grampo[1], Himalaia ou Xerpa[2]?

Continue a ir além de suas primeiras associações livres. Se você está criando um serviço de bufê grego, não pare em Atenas, Partenon ou Ilhas Gregas. Faça associações com cada uma dessas palavras. Sua nova lista agora incluirá Zorba, Corinto, Miconos, Delfos, Platão, Aristóteles, Sócrates e Peloponeso. Finalmente surgirá pelo menos um nome forte — que sugira mais do que apenas Grécia, mas outras qualidades que você deseja transmitir, como, por exemplo, sabedoria, cordialidade ou celebração.

> *O nome Alta Vista surgiu por acaso. Alguém havia escrito "Palo Alto" e "Vista" em um quadro. Outra pessoa apagou "Palo". "Alto Vista, ei, esse poderia ser um bom nome?", perguntou uma terceira pessoa. Então uma quarta pôs o nome em sua forma correta, "Alta Vista".*
>
> *Embora mais memorável do que nomes como Summit, o Alta Vista sofre do mal de ser esotérico demais para o mercado. Não admira que o Alta Vista supere o Yahoo! em apenas um segmento do mercado: o de bibliotecários de referência, que são cultos e tendem mais a entender o significado das palavras Alta Vista.*

---

[1]Barra de aço utilizada em escaladas que é martelada na montanha. (*N. da E.*)

[2]Etnia que vive no alto do Himalaia, no Nepal. (*N. da E.*)

Os nomes memoráveis existem — mas você tem de continuar a escalada para encontrá-los.

Para encontrar um nome incomum, pegue o primeiro conjunto de nomes e faça associações livres.

Apele para os sentidos das pessoas

Recentemente um empresário inaugurou um grupo de pesquisa e ficou empolgado com o nome: Velocity[1]. Mas embora esse nome seja curto e não excessivamente usado, transmite pouco, em parte porque não é marcante. Nós não nos lembramos dele.

Por quê?

Porque a palavra "velocidade" não tem cheiro, som, sabor, sensação ou imagem. Você não pode *sentir* a velocidade. Transmite pouco mais do que seu sinônimo, "rapidez".

"Whoosh!" funciona melhor. O som inconfundível e um pouco estranho atravessa o cérebro como o vento; é ouvido.

Whoosh é sensorial.

Muitas pessoas que nunca ouviram a música do grupo Red Hot Chili Peppers se lembram de seu

---

[1]Velocidade. (*N. da T.*)

nome, porque podem ver e sentir o gosto de pimenta. Red Hot Chili Peppers é sensorial.

Quanto mais sensorial for seu nome, mais será gravado e registrado, e mais familiar se tornará.

Apele o máximo possível para os sentidos das pessoas.

Uma ótima ferramenta para a construção da marca

Como você pode ter certeza de que as pessoas reagirão ao nome — e ao menos o adorarão?

Peça a alguém que teste o nome que você sugeriu junto a uma dúzia de pessoas inteligentes e versadas em comunicação verbal. (Advogados, jornalistas e outros profissionais do gênero são especialmente aptos a ver as implicações das palavras.)

Preste atenção às respostas dessas pessoas. Não raro ficará surpreso. (A maioria das mulheres, por exemplo, não gosta de nomes claramente femininos para os serviços.)

Preste muita atenção e use tais informações para orientar sua escolha.

Para descobrir um nome adorável, pergunte a vinte pessoas.

Encontrando o nome perfeito: o descritivo

Nosso idioma pode parecer infinito — a existência de muitas definições nos dicionários para cada palavra desencadeia esse problema —, mas temos sorte. Ao dar nome a uma empresa, nossas opções se reduzem a um número administrável: seis.

Quando você entende essas seis opções, pode ignorar mais da metade dos caminhos que a maioria das pessoas segue em busca de nomes. Com raras exceções, apenas dois dão certo.

Vamos começar pelos caminhos que não dão. Primeiro, você poderia tentar um nome descritivo. Aquele que apenas descreve o que sua empresa faz, como QuickPrint, Computer Consultants ou Children's Clinic.

Os nomes descritivos são comuns e difíceis de lembrar. Funcionam lógica, mas não emocionalmente; não evocam sentimentos. Também tendem a sugerir um serviço comum e não profissional, porque os bons serviços profissionais raramente os usam.

Como um teste, qual a impressão que você tem de uma empresa chamada "Auditoria Independente para Pequenas Empresas"? Ela parece boa e profissional?

Não.

Cuidado com os nomes descritivos.

O nome perfeito, opção dois: um acrônimo

ACP, APB, AEC, AIM, AMA, ADP.
Você consegue se lembrar de todos esses nomes?
Não se lembra bem?

Com raras exceções — como o American Conservatory Theater, conhecido como ACT — as pessoas não conseguem se lembrar de acrônimos e os confundem com outros. (Falando com a diretora financeira de uma grande agência de publicidade, mencionei a ADP, minha cliente, a empresa Fortune 500, líder em processamento de folha de pagamento e outros serviços para empresas. Ela disse que a conhecia. "Ela cuida de nossa segurança", disse. A ADT realmente fornecia esse serviço.)

Os acrônimos não expressam ou sugerem nada, racional ou emocional, e são esquecidos tão rapidamente quanto foram pronunciados.

Coloque um monograma em suas camisas, não em sua empresa.

Opção três: neologismo

Sentra, Compacq, Reliastar, Accenture. Afinal, o que são?

Esses nomes são neologismos — palavras novas criadas a partir de prefixos e sufixos existentes. Os nomes para o carro Sentra (da palavra "*sentry*", que em inglês significa sentinela e tem uma conotação de segurança) e da empresa de assistência médica Humana são neologismos. Também ilustram o problema com os neologismos.

Os neologismos tendem a sugerir algo que é novo e tecnológico. Essa conotação deixa muitos clientes desconfortáveis; eles preferem serviços comprovados e confiáveis. Como uma evidência disso, pense em sua reação a uma clínica de atendimento psicológico em grupo chamada Serena. Apesar da bem-intencionada tentativa dos sócios de sugerir paz de espírito (serenidade), o nome soa frio e distante.

Talvez o pior seja que a maioria dos neologismos revela o braço extremamente forte dos profissionais de marketing por trás deles. Esses profissionais tendem a parecer forçados e manipuladores — um enorme erro.

Está pensando em um neologismo?
Pense melhor.

Opção quatro:
nome geográfico

Omaha Surfing poderia ser um bom nome para uma loja de surfe. O nome Boston Consulting funciona porque liga a empresa a uma cidade associada a Harvard e outras universidades bem conceituadas, o que torna o nome atraente para possíveis clientes voltados para credenciais e que procuram consultores perspicazes.

Nomes para empresas de tecnologia que comunicam suas localizações no Vale do Silício também funcionam; sugerem uma empresa cheia de funcionários que entendem de computadores. O nome Silicon Valley Bank's também funciona, porque sugere, como deveria ser, que o banco é especializado em empresas recém-criadas financiadas com capital de risco. Hotéis em Nova York com "Park" nos nomes transmitem o prestígio e a vista de suas localizações no Central Park.

Mas essas são algumas das poucas exceções à regra. Geralmente os nomes baseados na geografia não funcionam.

Você deve pensar em um nome geográfico se sua localização sugere algo positivo e se está disposto a aceitar duas outras características desse tipo de nome: geralmente ele não repercute emocionalmente e, como tende a ser comum, é facilmente esquecível.

Você pode encontrar um bom nome geográfico para sua empresa — mas isso é improvável.

Um nome geográfico poderia funcionar.

Opção cinco: nome pessoal

O nome poderia ser, literalmente, o seu.

Nomes pessoais — como Mayo Clinic, Covington & Burling e Charles Schwab, que são os nomes dos fundadores ou sócios — funcionam bem para muitos serviços. Como os escritórios de advocacia e contabilidade e as empresas de recrutamento de executivos usam há séculos quase exclusivamente nomes pessoais, esse tipo de nome sugere profissionalismo.

Os nomes pessoais também criam um espiral de benefício único e auto-reforçador — uma espécie de ciclo vicioso de marketing. Quando as pessoas que dão nome à empresa obtêm boa publicidade, a reputação de toda a empresa melhora. A marca passa a ter mais valor.

Da mesma forma, se a empresa obtém boa publicidade, até para um trabalho em que os sócios que lhe dão nome não estavam envolvidos, estes se beneficiam. A reputação melhora.

Por isso, as empresas cujos membros-chave tendem a publicar algo ou a se tornar figuras públicas devem pensar em um nome que os inclua.

O oposto também é verdadeiro. Se o sócio cujo nome foi proposto tende a se esconder do público, o argumento do espiral auto-reforçador deixa de existir.

Contudo, ao pensar em um nome pessoal, há três coisas que você deve levar em conta.

Em primeiro lugar, como nos lembram John DeLorean e Michael Milken, as reputações mudam. Certifique-se de que os pilares do nome são sólidos.

O segundo risco envolve o Fenômeno de Smith e Jones. Muitos sobrenomes são comuns, o que os torna fáceis de esquecer e confundir com outras empresas que também os usam.

Por fim, os nomes pessoais podem ser muito grandes, com mais de quatro sílabas. Windsor & Hill funciona; é curto o bastante para ser facilmente lido em um anúncio ou uma etiqueta de bagagem, e ser assimilado e lembrado. Contudo, Willingham & Hill não funciona tão bem e Willingham & Hilliard definitivamente não funciona.

Explore nomes pessoais. Mais do que qualquer outra categoria de nomes, eles parecem naturalmente pessoais — uma qualidade de um serviço desejável. Também indicam para os clientes quem é o responsável. Os clientes do escritório de advocacia David Boies sabem que podem telefonar para David. Por outro lado, os da Consulting Partners se sentem negligenciados.

O melhor nome pode ser o do fundador.

Primrose e Yahoo!:
nome evocativo

Yahoo!

Você sabe que esse nome é o melhor para um mecanismo de busca do que Lycos, Northern Light ou aquele erro colossal, WebCrawler. Por quê?

Porque repercute emocionalmente. Faz você sorrir. Como você nunca ouviu um nome de empresa como esse, lembra-se de Yahoo! porque é incomum. Lembra-se de Yahoo! mas se esquece de seus concorrentes — e de usá-los para buscas.

Primrose[1] é um nome evocativo usado pelos centros de atendimento a pacientes portadores do mal de Alzheimer em Santa Rosa, na Califórnia. Evoca o ar livre. Isso ajuda a diferenciar o Primrose, com ênfase nas atividades ao ar livre e jardins, de instalações parecidas, muitas das quais dão destaque maior às atividades internas e têm um quê institucional. A palavra *"prim"*[2] embutida em Primrose também sugere sutilmente a limpeza e arrumação dessas instalações, outro contraste com muitas outras parecidas.

Os nomes Yahoo! e Primrose *evocam*. Lembram sentimentos — uma característica extraordinária da maioria dos nomes evocativos.

---

[1]Prímula, primavera. (*N. da T.*)
[2]Arrumado, limpo. (*N. da T.*)

As palavras evocativas também têm uma característica marcante: geralmente inspiram mais de uma interpretação positiva. Primrose sugere ar livre, limpeza, cores vivas, saúde e vitalidade — muito mais associações livres do que você poderia criar com um nome descritivo como Special Care Court; um pessoal como Shelby & Magers ou um original da empresa, Heritage Court.

Os nomes evocativos não são para todos; empresas tradicionais, como escritórios de advocacia e contabilidade, deveriam pensar bem antes de usá-los. Com essas exceções, os nomes evocativos tocam as pessoas, se fixam nas mentes delas e esquentam os telefonemas de vendas, freqüentemente com curiosidade e quase sempre com bons sentimentos.

Procure um nome evocativo.

Uma lista para evitar o nome do Lago Tahoe

O nome perfeito para a empresa surge em sua cabeça. Aleluia!

Não se deixe enganar pela sensação.

As empresas recém-criadas financiadas com capital de risco freqüentemente me convidam a ir ao Vale do Silício para ajudar a escolher seus nomes. Nós nos encontramos e depois pego o último vôo da Northwest Airlines de volta para Minneapolis (o das 17h05). Sento-me e começo a anotar nomes.

Eureca! O nome perfeito me ocorre, geralmente quando o avião sobrevoa o Lago Tahoe. (Acontece com tanta freqüência que meu sócio V.C. o chama de "o Nome do Lago Tahoe".) Sinto meu coração bater e as palmas de minhas mãos úmidas. Mais de uma vez, fiz um cálculo rápido que mostrou que eu havia ganhado apenas 65 mil dólares por hora. "Que negócio", pensei. "Que vida!"

Que erro.

Quando o 737 sobrevoa South Dakota, meu nome "fique-rico-em-um-minuto" já caiu por terra, morto por alguma falha fatal.

Para evitar falhas, submeta o nome proposto aos testes a seguir. (É claro que as regras podem ser quebradas, mas só as quebre se tiver um bom motivo.)

- O nome proposto pode ser pronunciado facilmente, até mesmo musicalmente?
- Você pode dizê-lo sem que lhe peçam regularmente para soletrá-lo?
- É de leitura fácil e clara — ou o leitor tem de parar para pensar nele?
- É soletrado como soa? (Alguns especialistas em dar nomes se referem a isso como "transparência fonética".) Se não, você pode facilmente explicar como soletrá-lo? (Exemplo: "Especiale é especial com um 'e' no fim.")

BLUE MARTINI E OMAHA SURFING   215

- É curto — tem no máximo 11 letras e quatro sílabas?
- Contém "palavras internas" negativas? (Exemplo: Accenture contém a palavra interna "censure", que tem um sentido e som negativo.)
- É único e sensorial, duas características que tornam as palavras memoráveis?
- É interessante? Tem uma história por trás dele?
- É autêntico? Mostra quem você realmente é?
- Os funcionários podem pronunciá-lo com orgulho?
- Tem o tom certo?
- É diferente dos nomes dos concorrentes? Dos não-concorrentes?
- É aceitável para quase todos os possíveis clientes importantes?
- Algumas pessoas não gostam dele? (Um bom sinal. Bons nomes provocam controvérsia.)
- Deixa as pessoas desconfortáveis? (Um sinal ainda melhor. Uma candidata a uma alta posição no Yahoo! disse que aceitaria o emprego se a empresa desistisse de seu nome. Um candidato mais flexível disse que aceitaria uma alta posição se o Yahoo! desistisse de seu ponto de exclamação.)
- Expressa ou sugere uma mensagem desejável?
- É *rico em significados*, sugerindo mais de uma mensagem positiva? (Alguns bons nomes não passam nesse teste, mas muitos ótimos nomes sim.)

Antes de escolher o nome, teste-o.

Harley, Ogilvy e os incríveis nomes encolhidos

Você se lembra do Federal Express?

No dia 22 de junho de 1994, um avião da empresa aterrissou em Memphis e foi rapidamente levado para um hangar próximo. Vinte minutos depois, saiu de lá. Havia mudado de identidade. No seu lado estava a palavra nova:

"FedEx".

Um estudioso de nomes poderia ter previsto isso. O cérebro humano rejeita nomes de mais de quatro sílabas e os abrevia. O cérebro transformou Harley-Davidson em Harley e Ogilvy & Mather em Ogilvy. Sócios de escritórios de advocacia aprenderam que, se o nome não aparecer em primeiro ou segundo lugar no papel timbrado, ninguém o usará.

> A tendência dos americanos a apressar tudo parece estar aumentando. Em 2001, representantes da Lowry Hill, a empresa de administração de bens, começaram a notar que grande parte dos clientes e amigos a estavam chamando simplesmente de "Lowry".

O Federal Express havia aprendido isso, e também que seu nome não funcionava bem em todos os lugares. Muitos fãs de cinema e história latino-americana sabem por quê: em países latino-americanos, os *federales* são os caras maus.

O novo nome (mais curto) do Federal Express resolveu vários problemas e produziu um benefício adicional. Para encaixar o antigo em seu meio de propaganda mais forte — as laterais dos caminhões — o Federal Express não podia usar letras com mais de 1,46m de altura.

Contudo, encolhendo o nome de 14 letras para cinco, podia usar letras muito mais visíveis — de 1,82m de altura. Agora o novo nome da empresa podia ser exibido mais ostensivamente — como você percebeu na primeira vez em que avistou ao longe um avião do FedEx.

As empresas aprendem outro valor dos nomes curtos quando fazem propaganda. Para se encaixar em todos os anúncios, exceto os maiores, os nomes longos têm de ser escritos em letras pequenas. Os nomes mais curtos podem ser escritos em letras muito mais visíveis e garantir que o anúncio faça o que as comunicações de marketing atuais devem fazer: tornar o nome mais familiar.

Os nomes curtos podem ser escritos em um tamanho maior.

Churchill estava certo: a embalagem é o serviço

Todo serviço, em última análise, vende uma experiência: a de recebê-lo. Mas em que consiste essa experiência?

Nós presumimos que ela é proporcionada pelo modo como os fornecedores de serviços atendem a seus clientes; que o serviço fornecido *é* a experiência. Em parte, estamos certos.

O prático Winston Churchill fez alusão à parte em que não estamos certos quando observou: "Damos forma aos prédios, e depois os prédios dão forma ao nosso modo de ser."

O ambiente — o prédio e o cenário, tudo que cerca a experiência do cliente — não é apenas a embalagem. Muda e se torna uma parte crítica dessa experiência.

As provas disso estão ao nosso redor. Coloque crianças violentas em uma sala cor-de-rosa e o que acontecerá? O Probation Department da Califórnia descobriu que as salas cor-de-rosa acalmam as crianças. Elas têm menos ataques.

Pinte uma ponte de azul e o que acontecerá? Alguns londrinos descobriram quando pintaram a Blackfriars Bridge de azul, esperando que isso desencorajasse os suicídios. Eles diminuíram.

Pinte um teto de azul e o que acontecerá? As pessoas sob ele se tornarão mais inteligentes. As pessoas em salas com tetos azuis obtiveram pontuação 12% mais altos em testes de QI do que as em grupos de controle.

Ótimas "embalagens":

* Banheiros do restaurante Felix, Hong Kong.
* Palco do Cirque du Soleil, Bellagio Hotel, Las Vegas.
* Homepage personalizada de MyExcite, Excite.com.
* Site Winespectator.com.
* Aposentos do Shutters Hotel, Santa Mônica, Califórnia.
* Brasserie (restaurante), Seagram Building, Nova York.
* Institute of Contemporary Art, Boston, Massachusetts.
* Os restaurantes Jakes's Famous Crawfish e Mother's Bistro, Portland, Oregon.
* Os figurinos e o cenário de O Rei Leão.
* As novas instalações atléticas (excluem o atual estádio de futebol) Standord University, Palo Alto, Califórnia.
* Cartas com prioridade, FedEx.
* Asia de Cuba (restaurante), Nova York.
* Estádio de beisebol Camden Yards, Baltimore.
* Loja de departamentos Sephora, Champs-Elysées, Paris.
* Microsoft Museum, Bellevue, Washington.
* Smithsonian Air & Space Museum, Washington, D.C.
* The Quadrangle, University of Virginia, Charlottesville, Virginia.
* Sede da TBWA Chiat\Day (publicidade), Venice, Califórnia.

O ambiente é a experiência de seus clientes. Ele muda e complementa a experiência, altera as percepções e o humor dos clientes — e, ao que parece, até mesmo a inteligência deles.

O ambiente é a experiência. Torne o seu excepcional.

Os seis mandamentos da Imagineering Division

Poucas lições do sucesso da Disney podem ajudá-lo mais do que os "Mickey's Commandments"[1]. Criados por Marty Sklar, presidente da Imagineering Division da Disney, os mandamentos visam guiar os designers de edificações e espaços, mas se aplicam a tudo — da sala de espera ao papel timbrado:

1. Ponha-se no lugar do visitante; não se esqueça do fator humano.
2. Crie um "ímã visual" (um ponto central visual que atraia as pessoas).
3. Evite a sobrecarga.
4. Conte uma história de cada vez.
5. Evite contradições visuais; mantenha uma identidade coerente.
6. Mantenha tudo em boas condições (a mínima coisa que não funcione diminuirá as expectativas do cliente).

Siga os mandamentos.

---

[1]Mandamentos do Mickey. (*N. da T.*)

Os clientes entendem com os olhos

Para ver como nós processamos as informações, pense nesta conversa:

— Você *está entendendo* o que eu estou dizendo?

— Não.

— Então *imagine* isto. Você está segurando um pássaro. Deve soltá-lo para ter a chance de pegar dois pássaros que está vendo em um arbusto?

— Ah, estou *entendendo*.

Isso revela como as pessoas entendem as idéias: visualizando-as. As imagens visuais surgem "no olho da mente" — outra expressão reveladora — como fotos de Polaroid.

Para ser ouvida e entendida, a mensagem deve ser vista.

Até que os possíveis clientes tenham uma imagem, seu negócio será meramente um conceito — confuso e invisível. Crie uma imagem, particularmente com uma analogia ou metáfora, e subitamente eles verão — entenderão.

Você não pode apenas criar ratoeiras melhores. Tem de criar imagens delas para que as pessoas entendam como poderiam pegar mais ratos.

Ver é crer, o que leva a comprar.

Faça com que você e suas diferenças sejam vistos.

Tiffany Network

Ela se tornou "a Aristocrata" usando pérolas — e não ao contrário.

Em resumo, essa é a história da CBS. Observadores experientes em mídia conhecem a empresa como a Tiffany Network — o principal serviço de preço alto em seu ramo. Como ela chegou lá?

Com pérolas.

Para confirmar isso, lembre-se da década de 1960 ou a reviva assistindo a programação noturna do canal Nickelodeon. O que você vê? Os programas que catapultaram a CBS ao topo, segundo a empresa de medição de audiência Nielsen Media Research: *Petticoat Junction, Hee Haw* e *A família Buscapé*. Você vê Jethro e Elly May e um calhambeque de *As vinhas da ira*.

Você vê caipiras.

Como a CBS pôde apresentar *Hee Haw* e ainda se tornar conhecida por apresentar Hope Diamond? Entram as pérolas.

As pérolas são aquelas luzes brancas delicadas que você vê no centro das cidades todos os invernos, cintilando nas árvores em frente aos grandes prédios. Quem as inventou? A CBS surpreendeu e impressionou os transeuntes decorando com aquelas luzes as árvores do lado de fora de sua sede, no centro de Manhattan.

As pérolas complementaram o preto básico que a CBS acabara de usar — a famosa sede ainda conhecida como Black Rock. O arquiteto Eero Saarinen, trabalhando com o igualmente meticuloso presidente da CBS, Frank Stanton, criou o Black Rock desafiando o design predominante na época — a caixa de vidro — e desenhando em vez disso um prédio que parecia esculpido em granito preto.

Como outros projetos da CBS durante o reinado de Stanton, o granito não poderia ser qualquer um. Saarinen vasculhou o mundo em busca da pedra certa, que um dia finalmente encontrou no norte de Quebec.

Sabendo que vendia o invisível — tempo no ar para os anunciantes —, Stanton era obcecado pelo visível.

Até mesmo as cartas da sede da CBS revelavam a atenção aos detalhes. Se, por exemplo, você recebesse várias cartas da CBS e as colocasse lado a lado em sua escrivaninha, notaria seus blocos de cópia perfeitos, cada qual idêntico em forma e tamanho. Se erguesse uma carta para a luz e a olhasse com atenção, descobriria o segredo — e o nível de obsessão de Stanton.

Os designers da CBS se certificaram de que todos os blocos de cópia seriam iguais fazendo com que cada um começasse no mesmo ponto. Eles puseram um ponto cinza quase invisível em cada página, a 25,4mm da margem esquerda e 50,8mm do topo. Então enviaram um memorando instruindo todos os datilógrafos da CBS a começar a primeira palavra precisamente nesse ponto.

Não muito depois desse memorando ser enviado e do Black Rock ser construído, a CBS demonstrou o extraordinário poder da percepção. As revistas especializadas começaram a chamá-la de "Tiffany Network".

Os representantes da mídia passaram a escolher restaurantes melhores para as reuniões com os executivos da CBS.

Igualmente importante foi que a CBS começou a acreditar na própria imagem. Os funcionários se convenceram de que tinham a melhor programação, o melhor pessoal e as melhores camisetas de time de softbol. A CBS começou a usar pérolas e logo os funcionários a imitaram.

A *realidade* na CBS era Jed Clampett e macacões velhos. Mas a *percepção* era granito preto, pérolas brancas e cartas perfeitas. A imagem venceu a realidade, como as imagens — especialmente em um negócio de intangíveis — costumam fazer.

Incentivamos as pessoas a se vestir para o emprego que desejam, em vez de para o que têm. Em uma escala maior, o triunfo da CBS sugere que você deve se vestir como a empresa que deseja se tornar, e que as imagens criam não só percepções como também realidade.

Em nosso mundo agitado, a declaração curta substituiu o parágrafo como a unidade de pensamento. Nosso novo mundo exige uma mensagem mais rápida. O mesmo ocorre com as imagens — inclusive o espaço em que você trabalha — que você passa para o mundo. O logotipo, o prédio e a sala de espera são as declarações curtas visuais. Torne-as convincentes e profissionais.

Sem dúvida os clientes amam com o coração, mas o amor começa nos olhos.

Vista-se como a empresa que você deseja se tornar.

O que o espaço diz
para o cliente

"Aqui as empresas de relações públicas são famosas por construir escritórios suntuosos para impressionar os clientes", observou o executivo de marketing. "Eu não tenho certeza de que todo esse exibicionismo funciona." ("Aqui" era Varsóvia, na Polônia. As empresas parecem iguais em todo o mundo.)

O escritório suntuoso funciona?

Ou os clientes o vêem como seu dinheiro sendo gasto em madeira de teca e cadeiras Aeron?

Essas perguntas não revelam a compreensão correta do efeito total de um escritório. Um escritório impressionante não faz apenas os visitantes se maravilharem com o bom gosto e orçamento da empresa. Eles olham ao redor e sentem que também chegaram ali, que estão no lugar ao qual pertencem. Sentem-se importantes.

Uma das maiores empresas de administração de bens do mundo evita a extravagância no design interior. Contudo, olhe cuidadosamente e você notará as sutis porém impressionantes cadeiras Chippendale, os baldes de gelo Waterford e outros toques aparentemente mais caros do que o necessário que lembram aos clientes que eles são especiais.

O espaço — um elemento-chave da embalagem — faz mais do que mostrar o quanto você é especial. Lembra aos clientes o quanto *eles* são especiais.

Preste atenção ao espaço.

O preço baixo não funciona

A Aetna tenta reduzir os custos da assistência médica e se vê com um lucro de menos da metade da média do setor.

Uma superloja se instala em Tampa e San Mateo, e dúzias de lojas de departamentos em cada cidade logo fecham as portas para sempre.

A Taco Bells cobra centavos pelos tacos, e luta para sobreviver.

Em praticamente todos os mercados, por que várias empresas conhecidas pela confiabilidade prosperam, enquanto apenas uma empresa conhecida pelos preços baixos basicamente sobrevive? Por que o nicho do custo baixo é tão pequeno?

Em virtude de quem somos e daquilo que amamos.

Vamos presumir que nosso principal critério para escolher uma agência de temporários seja a credibilidade. Um amigo em quem você confia recomenda o escritório local da AccuStaff. "Eles forneceram o que precisávamos quando prometeram."

Você continua a procurar? Tenta achar o serviço temporário mais confiável de sua área? Saberia reconhecê-lo quando o encontrasse? Poderá estar seguro de que, mesmo se encontrasse a empresa "mais confiável", sua melhor equipe seria designada para trabalhar com você?

Não, não, não e não. Você escolhe a AccuStaff. Eles parecem muito confiáveis e isso basta.

Agora mude o critério e presuma que o preço determine a decisão. Você fala com a AccuSaff e obtém o preço deles, que parece bom. Pára por aí e escolhe a AccuStaff?

Não. Continua procurando pelo melhor preço.

Quem vai atrás do melhor preço tem essa mentalidade: quer o melhor negócio — e, por definição, só há um negócio melhor. Por isso, a empresa de preço mais baixo prospera. Todas as outras perdem, como Kmart, Montgomery Ward, Jamesway, Bradlees e dúzias de outras lojas de departamentos. (No início do século XX, o novo presidente da Taco Bell não se referia mais aos famosos preços de 99 centavos da cadeia de restaurantes como seu "ponto de diferença". Ele os chamava de "nossa armadilha de 99 centavos".)

Se você se coloca em uma das Posições de Poder — confiabilidade ou inovação, por exemplo —, pode competir com outras empresas conhecidas por essas características. Várias empresas "confiáveis" ou "inovadoras" podem prosperar. Se você tentar competir no preço, apenas aquela com preço mais baixo vencerá.

Se você não pode ou não quer chegar ao preço mínimo — uma sábia escolha —, fique em outra posição. O preço baixo não funciona.

Resista a ter em vista o preço baixo.

Cirurgiões cardíacos
descontraídos e outros horrores

Quando você procura alguém para curar sua dor, quer que essa pessoa seja informal?

Quando procura alguém para reparar uma obturação, dar aulas a seus filhos ou consertar o carro, quer que essa pessoa seja descontraída?

Quando o gato está doente, os investimentos vão mal ou a empresa é ameaçada por uma ação judicial, você procura um veterinário informal, um gerente de investimentos descansado ou um advogado descontraído? Quer que os fornecedores de serviços sejam negligentes em relação às suas necessidades e tempo e se vistam como se desejassem estar em Palm Springs em vez de com você?

Não.

Tampouco os possíveis clientes.

Se você se vestir para jogar golfe, vá jogar golfe.

Mas esse fato ajuda a recrutar

O site Wetfeet.com pediu a estudantes de administração que avaliassem a importância de 35 atributos no trabalho.

"Capacidade de se vestir informalmente" ficou em último lugar.

Políticas informais atraem funcionários informais.

Uma ajuda de Hong Kong

Você pode ter ouvido o comentário "jamais alguém teve uma boa idéia usando gravata". (A lâmpada — o símbolo de uma boa idéia — deve ter sido um pensamento comum. Thomas Edison usava gravata mesmo quando cortava o gramado.)

Os defensores das roupas informais insistem em que as pessoas trabalham melhor quando se sentem confortáveis, o que inspira esta resposta: se as roupas profissionais são desconfortáveis, troque-as. As calças cáqui parecem feitas para usar na selva — e foi para isso que foram criadas. Por outro lado, as calças de lã feitas sob medida lhe dão a sensação de estar de pijama.

Para ficar mais confortável e bem-vestido para os possíveis clientes, digite em um site de busca "alfaiates de Hong Kong". Visite os sites e descubra como encomendar um paletó escuro (o de lã superfina é o mais confortável), dois pares de calças escuras e duas camisas de algodão egípcio.

Essas roupas durarão o dobro do tempo das nacionais de preço acessível, e mais décadas do que as calças cáqui. As calças e o paletó produzirão uma sensação agradável em contato com a pele e o farão se sentir mais à vontade. Os amigos perguntarão: "O que foi que você fez?" Os conhecidos insistirão em que você está com uma aparência fabulosa. Os clientes ficarão impressionados, mas não humilhados.

O mais notável talvez seja que, em última análise, você pagará muito menos pelas roupas porque as mais baratas já se desgastam apenas ao ficar penduradas no armário.

Seu investimento inicial nessas roupas confortáveis, perfeitas e com um ar profissional? Menos de 800 dólares.

Para se sentir mais confortável, vista-se melhor.

Simplesmente livre-se disso

Não importa que os possíveis clientes detestem tanto mala-direta ao ponto de chamá-la de lixo, muitas pessoas insistem em achar que algo tão mensurável e relativamente barato deve ser eficaz.

Mas as comunicações impessoais que violam os limites das pessoas — cartas, telefonemas ou e-mails para suas casas, que são seus limites mais sagrados — não só não geram negócios como podem reduzi-los.

Os esforços em massa freqüentemente falham pelo mesmo motivo que os torna atraentes: a eficiência. Eficiente significa barato — e a comunicação de massa parece barata. Esse é o problema. Como Marshall McLuhan memoravelmente observou, "o meio é a mensagem". O meio barato transmite a mensagem barata de uma empresa barata. O bom marketing, entre outras coisas, comunica que você é bom no que faz. Os esforços de marketing eficientes também marcam você...

Como sendo de segunda classe.

Os esforços baratos produzem resultados baratos — ou piores.

A BELEZA AMERICANA E *UMA LINDA MULHER*

Serviço de assistência

Tendência-chave:
o desejo de se relacionar

"Até mesmo os introvertidos precisam de pessoas.
Os adultos inventaram o trabalho para poder
continuar a brincar juntos."
— Silver Rose

Quando você compra um produto, compra algo tangível. Mas quando adquire um serviço, compra as pessoas que o realizarão.

Por exemplo, você compra um cabeleireiro, não um salão de cabeleireiros. Pergunte a várias pessoas com experiência em trabalhar em salões o que os clientes realmente compram, e elas dirão que compram o relacionamento quase terapêutico com os cabeleireiros.

Você compra produtos baseado nos sentimentos sobre eles; escolhe seus serviços baseado nos *sentimentos* sobre os fornecedores.

Para testar isso, examine os serviços que são seus favoritos. Você é fiel à clínica em que sua médica favorita trabalha? De modo algum. É fiel à médica. Se ela mudar de clínica, você também mudará.

Os serviços se parecem com os relacionamentos amorosos. Os melhores de fato *são* amorosos. Os pais de Minneapolis amam Janice Eaves, que cuida — literal e figurativamente — de seus filhos. Muitos habitantes de San Diego amam Ophelia, Sharon e outros assistentes da clínica dentária de Gary Greenberg. Viajantes de todo o mundo amam Leftheris Papageorgiou, da Hellenic Adventures, que os leva em excursões a Míconos, a Santorini e à Turquia.

Nós amamos as pessoas, não as instituições.

Nossos relacionamentos com as pessoas que nos fornecem serviços determinam nossas percepções desses serviços. O arquiteto Frank Lloyd Wright, por exemplo, se tornou famoso por obras-primas como a Casa da Cascata. Mas como muitos profissionais talentosos, Wright podia ofender qualquer um, e, com freqüência, ofendia. Era difícil gostar dele e quase impossível amá-lo. Por isso, esse gênio reconhecido passou grande parte da carreira procurando a próxima incumbência.

> *"A capacidade de cuidar é o que dá à vida o mais profundo significado."*
> — Pablo Casals

Quanto mais gostamos de alguém, mais ele parece capaz. Pense na primeira pessoa que você realmente amou. Lembre-se de como ela parecia inteligente, espirituosa, talentosa e atraente na época. A verdade é que possuía todas essas características — aos seus olhos. Os sentimentos cálidos embaçavam os óculos.

Os negócios bem-sucedidos evocam esses sentimentos — e quanto mais profundos os sentimentos, melhor o negócio.

Os grandes negócios se relacionam.

As novas comunidades

Há apenas cem anos as pessoas viviam de um modo diferente.

As famílias eram formadas de mais de duas gerações e as crianças trabalhavam com os pais. As famílias prósperas construíam segundas casas no lago — mas o lago ficava a apenas 5km do centro da cidade. Mesmo quando as famílias saíam para o fim de semana, não iam para muito longe.

A vida era local. O globo era uma esfera exótica na sala de estar. Para um jovem que vivia perto de Cannon Beach, no Oregon, São Francisco bem poderia ter sido Cingapura. O mapa dizia que apenas 1.126km separavam as duas cidades, mas elas ocupavam dois mundos diferentes.

Onde estamos agora?

Em toda parte. As pessoas vêm e vão. Austin está progredindo muito e os vôos para o Texas ficam lotados por semanas.

Antes tínhamos reuniões de eleitores. Agora usamos esse termo para descrever conversas televisadas que envolvem candidatos presidenciais. Com poucas exceções, os habitantes da cidade não se reúnem mais. As cidades que um dia tiveram uma praça agora têm uma Town Square[1] — um nome que, ironicamente, com freqüência é dado a um shopping center nos subúrbios, não na cidade.

---

[1]Praça da Cidade, em tradução literal. (*N. da E.*)

Essa lacuna cria a oportunidade. A empresa nessa economia evoluída procura modos de criar uma comunidade a partir de seus clientes. Reúna os seus — em seminários, casas abertas ou outras oportunidades para reuni-los. Acrescente ao seu site um quadro de mensagens em que os clientes possam comparar observações e resolver problemas. Convide-os a contribuir para o boletim informativo.

Fazer os clientes se relacionarem uns com os outros ajudará você a se relacionar com eles.

Para se relacionar com os clientes, crie relacionamentos para eles.

O insight-chave da Starbucks

Howard Schultz foi bastante louco para achar que as pessoas associariam uma sereia a café, tolo para gastar milhões em pequenos adesivos e astuto para perceber que o lugar ideal para um negócio é um cruzamento de mudanças.

Então ele inventou a Starbucks.

Howard viu que as praças das cidades não existiam mais e os supostos substitutos — os shoppings centers — estavam cheios de gente que raramente se comunicava. Ele sabia por experiência própria que no centro de Seattle e em todos os outros centros das cidades americanas quase todas as pessoas pareciam vir de outro lugar.

Howard pensou nessa pressão externa e lhe ocorreram duas imagens. A primeira era uma clássica de Paris e Milão: os parisienses e italianos sentados em mesas nas calçadas, bebendo, comendo e conversando. Mesmo nos dias frios, as pessoas em Paris esperam muito tempo para se sentar em mesas ao ar livre tão juntas umas das outras que apenas as garçonetes parisienses — entre as menores do mundo — conseguem passar entre elas.

O motivo é o tempo e ar fresco?

Apenas em parte. O motivo mais profundo para a popularidade das mesas nas calçadas é a natureza comunitária. Sentado em uma delas, você vê não só outras pessoas comendo como também milhares de transeuntes. Tem uma idéia mais clara de sua comunidade e de seu lugar nela. Vê o lugar em que vive.

Schultz entendeu isso e se lembrou de outra imagem vívida: as velhas cafeterias da geração *beatnik*.

Esses lugares morreram jovens. (Pode ter sido a poesia.) Mas, do meado da década de 1950 ao início da de 1960, se tornaram ícones americanos, apresentando tocadores de bongô e homens de cavanhaque recitando versos livres enquanto a platéia bebia café expresso encorpado como se fosse caldo de feijão-preto.

As cafeterias da geração *beatnik* e os cafés europeus supriam a mesma necessidade. Mas os americanos tinham menos cafeterias nas calçadas — o clima, as leis de zoneamento e os códigos sanitários as desencorajavam. Contudo, os restaurantes que tentaram pôr mesas nas calçadas — notadamente os no Upper East Side de Manhattan e no Gaslamp District em San Diego — perceberam que elas supriam uma necessidade humana de algo mais do que simplesmente comer.

Então Schultz preencheu o vazio criando a Starbucks, uma combinação de café na calçada e cafeteria da geração *beatnik*. (Você pode ver o quanto a Starbucks aspira a ser uma cafeteria de calçada em suas lojas como a de Pioneer Square, em Portland, no Oregon. A loja é literalmente na calçada e se parece com a Glass House de Philip Johnson, com as paredes quase totalmente de vidro.)

Contudo, para tornar as lojas lucrativas, ele enfrentou um obstáculo: como construir um negócio próspero cobrando 1 dólar e 50 centavos para cada uma de uma série de transações altamente dependentes de mão-de-obra?

A resposta é: não cobre 1 dólar e 50 centavos. Cobre mais do dobro disso.

Cobrar 3 dólares e 75 centavos por uma xícara de café?

Como?

Dando-se conta de dois princípios básicos. O primeiro é que um serviço sempre envolve mais do que a troca de algo tangível por dinheiro. Você deve embutir mais nele — cordialidade, relacionamento, amizade, descanso, status e, no caso de Schultz, comunidade. As pessoas pagam mais por uma sensação de proximidade.

"Sociabilidade... é necessária para a sobrevivência humana. Os adultos que se isolam do mundo tendem mais a morrer em idades comparativamente jovens. Nós temos uma dependência básica dos outros."
— Dr. John J. Ratey,
O cérebro — um guia para o usuário

O segundo é a importância do status. Os americanos tendem a se identificar e firmar suas posições com itens — de cachecóis Hermès a Volkswagen Jettas — que os cientistas sociais chamam de "objetos posicionais". Qualquer um pode pagar um dólar por uma xícara de café. Mas quem pode pagar facilmente 3 dólares e 75 centavos?

Alguém especial: o café se torna um objeto posicional.

"Eu sou especial", sentem os clientes da Starbucks quando compram seu pequeno luxo — como Schultz sabia que se sentiriam. Em um mundo complexo e confuso, uma xícara da Starbucks vende mais do que a Starbucks.

Vende quem a bebe.

A necessidade de comunidade e de status se cruzam nesse momento, e Schultz posicionou as cafeterias nesse ponto — e prosperou.

Estude a Starbucks.

O que os clientes realmente compram

A história do meu amigo poderia tomar emprestado o título de *Uma tragédia americana*, de Theodore Dreiser. Dotado de praticamente todas as habilidades, ele iniciou e desenvolveu um negócio — e o matou.

Meu amigo tinha todas as habilidades, menos uma: não sabia o que as pessoas compravam.

Como ele fornecia um serviço especializado, presumia que elas compravam expertise. Mas relativamente poucos negócios — análises de valores mobiliários, ciência forense e alguns outros — vendem expertise. O restante de nós — de ginecologistas e consultores de TI a massoterapeutas e tinturistas — vende outra coisa.

Nós vendemos satisfação.

O French Laundry, considerado um dos melhores restaurantes do mundo, não vende a magia de Thomas Keller com alimentos. Vende três horas de satisfação das quais a comida espetacular é apenas uma parte.

Lowry Hill, a administradora de bens afiliada à Wells Fargo, não vende retorno sobre investimentos. Vende tranqüilidade. Os sócios farão qualquer coisa, até mesmo obter ingressos na primeira fila de *Aida*[1] para facilitar a vida dos clientes.

A Progressive não vende seguros para automóveis. Vende conforto: o conforto de saber que, se você tiver um acidente, eles entrarão em cena, prontos para assinar o cheque.

A ServiceMaster não vende limpeza. Vende confiança. Os clientes se sentem seguros de que serão bem tratados devido ao forte compromisso da empresa de viver segundo os Dez Mandamentos.

---

[1]Ópera em quatro atos com música de Giuseppe Verdi. (*N. da E.*)

Não importa o quanto advogados, arquitetos, planejadores financeiros e contadores sejam bem treinados, poucos profissionais vendem expertise.

Eles vendem satisfação.

Um nível crítico de habilidade leva essas empresas às portas dos possíveis clientes. Mas é a aparente capacidade de satisfazer os clientes que as vende, e a real capacidade de satisfazê-los que transforma os clientes em fãs leais.

Então o que aconteceu com meu amigo? Ele falhou porque dominava o ofício,

Como a maioria das empresas que atinge um status cult, o French Laundry vende mais do que estar lá. Vende a experiência de ter estado lá. Pelo resto de suas vidas, os clientes do French Laundry poderão discutir a experiência com outros gourmets, encontrar pontos em comum e ter conversas animadas. A experiência também confere status. Ter jantado no French Laundry marca uma pessoa como sofisticada, perspicaz e exigente em relação a categoria e qualidade — para não dizer próspera o suficiente para pagar 900 dólares por um jantar para quatro pessoas.

mas não retornava telefonemas. Os colegas invejavam-lhe as habilidades, mas os clientes não o entendiam. Levaram essa falta de habilidades sociais para o lado pessoal, concluíram que meu amigo não gostava deles e então reagiram como todos nós reagimos. Também pararam de gostar dele.

O negócio não é desempenhar a tarefa de um modo brilhante.

É satisfazer profundamente os clientes.

Sua tarefa não é desempenhar. É satisfazer.

Uma lição de Hong Kong

Uma história reveladora de um ambiente perfeito.

Cena 1: o famoso The Lobby, do Península Hotel de Hong Kong, considerado um dos melhores hotéis do mundo.

Primeiro Ato: terça-feira, lanche. Peço salada e café expresso, que chegam rapidamente. Depois entrego meu cartão de crédito ao garçom. Ele sai. Fico sentado.

Passam-se 3, 4, 6, 9 minutos. Penso na ironia de ser eu, não o garçom, quem está esperando. Dez, 11, 12 — avisto o garçom! Está servindo café a quatro mesas de distância. Certamente me verá!

Mas não me vê. Vai embora de novo.

Eu me sinto desconfortável. Quero parecer educado e gentil neste ambiente elegante, e também me levantar, erguer os braços como uma chefe de torcida e gritar: "Ei, aqui! Aqui!"

Espere, o garçom me vê! Aparentemente se lembra de ter me atendido mais cedo, nesta tarde — horas atrás, não foi? Ele sai rapidamente do salão e volta trazendo meu cartão e o comprovante. O tempo que demorou para fazer isso: 15 minutos.

Segundo Ato: quarta-feira, lanche. Convencido de que meu lanche do dia anterior tinha sido uma anormalidade, volto ao café. Em minutos o salão se enche de um barulho raramente ouvido em qualquer hotel, muito menos um famoso: o de uma furadeira. Eu digo a mim mesmo que o barulho cessará em segundos.

A BELEZA AMERICANA E *UMA LINDA MULHER* **245**

Não cessa.

E continua por mais de 20 minutos. Muitos outros clientes, que sem dúvida também achavam que o barulho terminaria rápido, estão rindo, provavelmente de nervoso. Nossa provação parece terminar. Faço um sinal para o garçom e lhe entrego corajosamente meu cartão de crédito. Vejo que é o mesmo garçom do dia anterior.

Sim, há um bis de *O garçom que desaparece*.

Dez minutos depois, ele voltará com minha conta, com desconto, no mínimo, de 50% por todo o inconveniente, é claro.

Mas não. Aparentemente a furadeira era entretenimento. Deve ter sido, porque falta algo: um pedido de desculpas. Não há um "Desculpe-nos pelo barulho e inconveniência" ou "Não temos idéia de como isso pôde acontecer". Nada, exceto uma grande conta por um pequeno lanche.

Se o Península, que muitos consideram um dos melhores hotéis do mundo, falhou tanto em dias consecutivos com o mesmo cliente, como são os fornecedores de serviços meramente bons?

Se os melhores serviços se saem tão mal, o quanto seu serviço realmente é bom?

Terceiro Ato: três semanas depois, o *Wall Street Journal* publica um artigo de primeira página sobre os esforços dos hotéis para agradar os visitantes assíduos. Um executivo do Hilton explicava por que os hotéis atraem esses "guerreiros da estrada".

"Todos procuram um modo de se sobressair. Todos nós temos ótimos quartos. Estamos em bons locais." E depois a frase surpreendente:

"*Todos* os hotéis têm um ótimo serviço."

Ele havia visitado algum hotel recentemente?

Eis o que os hotéis — que ainda são o melhor setor de serviços dos Estados Unidos — deveriam pensar:

1. Quando um hóspede pede um serviço de despertador, dois jornais matutinos e calças passadas, forneça-lhe o serviço de despertador, os dois jornais e as calças passadas — em vez de apenas as calças; e

2. Instrua o funcionário da recepção a não dizer, quando um hóspede menciona que está na fila há 25 minutos: "Bem, nós estamos muito ocupados hoje." Especialmente quando o staff sabia um ano atrás que o hotel estaria lotado naquela noite.

Lamentavelmente, até mesmo os melhores hotéis do mundo muitas vezes falham. Os comuns falham mais ainda. Mas o executivo do Hilton diz que todos têm um ótimo serviço.

Ele diz isso porque sofremos de miopia de serviço. Achamos que o nosso é ótimo. Todos nós somos piores do que pensamos.

Todos nós podemos, e devemos, melhorar.

Todo serviço precisa ser corrigido.

Um insight de *O grande Gatsby*

Poucas forças nos impulsionam mais do que encontrar nosso lugar no mundo. Nós desejamos ser respeitados, considerados e estimados. A ânsia com que algumas pessoas buscam a riqueza e a fama pode, no final das contas, se originar desse desejo. Nós desejamos ser importantes.

Lajos Egri, um professor de produção textual, certa vez aconselhou seus alunos a reconhecerem que a força central de todo grande romance é a sensação de importância de cada personagem. Você não pode ignorar essa força quando lê o que muitos consideram o grande romance americano: *O grande Gatsby*, de F. Scott Fitzgerald.

Gatsby tenta desesperadamente se tornar um homem influente para que Daisy Buchanan o ame. Daisy trava sua própria batalha para ser respeitada, neste caso por seu marido, Tom, que só se importa com ele mesmo. Nós ouvimos toda essa história narrada por Nick Carraway, um personagem com quem os leitores se identificam. Nick vive como um intruso entre os ricos e glamourosos — é um mero corretor de títulos com uma cabana de verão modesta entre as mansões de East Egg. Embora Nick deplore a imprudência e arrogância de Daisy e Tom, anseia pela aceitação deles.

Nick deseja ser importante.

Todos nós desejamos.

248 O QUE OS CLIENTES AMAM

Sempre que você tenta satisfazer um cliente, o sentimento que domina a transação é a necessidade que essa pessoa tem de se sentir importante.

Uma rápida ilustração: na próxima vez em que você estiver em uma fila e um cliente explodir de raiva por causa do mau serviço — por exemplo, uma reserva de passagem aérea que não foi feita ou uma encomenda que nunca chegou — estude essa pessoa.

Ela está irritada com a inconveniência? Frustrada com um mau dia? Preocupada em pagar por algo que não recebeu?

Não. Está irritada porque se sente menosprezada, não porque o atendente não se importou o suficiente com seu emprego. *Está com raiva porque não se importou o suficiente com ela.* Não está preocupada com a inconveniência ou o custo.

Está preocupada consigo mesma.

Os clientes levam para o lado pessoal os erros nos serviços; esses erros dizem respeito a eles. Na visão do cliente, o atendente não errou; em vez disso, não se importou com ele.

Alimente a sensação de importância de qualquer cliente.

A beleza americana:
entendendo as ilusões positivas

"O que é um americano?"

Na década de 1780, o francês Hector St. John de Crèvecoeur fez essa famosa pergunta que hoje fornece algumas respostas para outra pergunta:

Quem é seu possível cliente?

O historiador David Potter apresenta uma resposta intrigante em seu premiado livro, *People of Plenty*. Potter concluiu que os americanos são o que têm: únicos entre todos os povos, eles vivem na abundância. O tamanho e a riqueza do país ajudaram a criar uma personalidade distintiva para seu povo e a explicar a democracia em seu sistema de duas partes, *Bill of Rights*[1] e a famosa ingenuidade. Essa abundância, por sua vez, deu forma ao sentimento dos americanos em relação a si mesmos. Eles se sentem especiais — na verdade, tão especiais que os cientistas sociais cunharam um termo para esse auto-apreço: excepcionalidade americana.

Uma história amplamente divulgada sobre Daniel Boone revela como os americanos se têm em alta conta:

"Ele podia pular mais alto no ar, mergulhar mais fundo na água e sair dela mais seco do que qualquer outro homem."

---

[1]Declaração dos Direitos dos Cidadãos. (*N. da T.*)

Os americanos se consideram especiais e abençoados. Riem quando Garrison Keillor afirma em sua cidade natal fictícia de Lago Wobegon: "Todos os homens são fortes, todas as mulheres são bonitas e todas as crianças estão acima da média". Então ficamos sabendo que os americanos tendem tanto a se superestimar que os psicólogos inventaram um termo para isso.

Eles o chamam de "O Efeito Lago Wobegon".

Nós, americanos, estamos tão certos de nossa superioridade que todos os Jogos Olímpicos inspiram dúzias de americanos a escrever cartas para editores perguntando: "Por que nós não ganhamos mais medalhas?" Essas pessoas têm uma convicção óbvia: os americanos são inerentemente melhores. Se seus atletas falharam, alguém deve ter feito algo com a água na Vila Olímpica — ou a geração está considerando suas bênçãos como certas e não se esforça o bastante.

A excepcionalidade faz com que os possíveis e atuais clientes se sintam merecedores. Nós somos os melhores, temos o melhor e merecemos o melhor. Falhe com um americano e ele se sentirá desprezado; você desconsiderou a importância dele. Para satisfazer o cliente americano, você pre-

No Journal of Personality and Social Psychology de abril de 2001, os professores Michael Ross e Anne Wilson apresentaram mais provas da auto-imagem positiva das pessoas — o que a professora de psicologia da UCLA Shelley Taylor chama de "ilusões positivas". Eles descobriram que a maioria das pessoas se achavam melhores hoje — mais habilidosas, amadurecidas, interessantes e tudo mais — do que eram no passado. Mas, segundo essa grandiosa visão, somente elas estavam se desenvolvendo e se aperfeiçoando. Elas não achavam que os amigos e conhecidos também estivessem.

cisa de paciência, persistência e a capacidade de deixar as coisas seguirem adiante.

Todos que se perguntam o quanto os americanos se têm em alta conta deveriam verificar um site de relacionamentos.

O *perfil* de todos é no mínimo "muito bom" e um número impressionante se auto-intitula "formidável". Essas pessoas insistem em que são muito inteligentes e pacientes, afetuosas ao extremo, sérias e atenciosas. Elas riem pronta e freqüentemente. Lêem com regularidade, evitam fast-food e apreciam peças teatrais. Bebem com moderação e poucas precisam perder peso.

Um observador pode rejeitar esse louvor a si próprio como uma tentativa de vender uma imagem, mas se você olhar além disso verá que, nos Estados Unidos, todos são fortes e bonitos e todas as crianças estão acima da média.

Os Estados Unidos são o Lago Wobegon. Nós somos excepcionais.

E nós somos os possíveis clientes.

Os clientes se têm em alta conta. Você deve demonstrar que também os tem.

Assistindo a *Uma linda mulher*

Em uma cena-chave de *Uma linda mulher*, a personagem de Julia Roberts entra em uma loja chique de Beverly Hills com suas roupas de trabalho. Infelizmente, ela é uma prostituta. É humilhada pela vendedora.

Entra em cena o personagem de Richard Gere. Ele logo deixa claro para a vendedora que pode comprar todo o quarteirão em que se localiza a loja e revela o que esperava do serviço. A vendedora é informada do valor da comissão que perdeu.

O público vibra.

As pessoas riem porque nós nos temos em alta conta e detestamos esnobismo. Levamos a sério a idéia de que "todas as pessoas são criadas iguais"; ninguém é superior a nós. Vemos toda manifestação de superioridade como "ter ar superior" — uma expressão reveladora. Ela mostra que consideramos que qualquer idéia que outra pessoa possa ter de superioridade não é mais sólida do que o ar.

A abundância de hoje só aumenta nossa sensação de importância e merecimen-

> *A grande maioria das pessoas que cresce em sociedades estratificadas com fortes distinções sociais também cresce sem a forte sensação de igualdade e excepcionalidade dos americanos. Elas não aprendem a ser tratadas como pessoas importantes, nem esperam sê-lo. Isso pode ajudar a explicar por que os serviços em um país altamente estratificado como a Grã-Bretanha são notoriamente péssimos. Somente os ingleses das classes sociais mais altas aprendem a esperar e exigir serviços especiais.*

to. E à medida que nossa abundância aumenta — o que tem ocorrido ao longo do tempo —, o merecimento também aumenta e se torna mais difícil satisfazer os clientes.

Para satisfazer a sensação de importância de todo cliente, você deve se aperfeiçoar constantemente.

A incerteza e o Princípio da Importância

Até mesmo os clientes perfeitos temem você. Têm medo de que se importe mais consigo mesmo do que com eles.

Se você não retornar rapidamente um telefonema de um cliente, isso significa que ele não é suficientemente importante para você. Ele o imagina conversando alegremente com os outros clientes mais importantes, respondendo às perguntas *deles,* se importando com o sucesso dos filhos *deles* na escola e rindo das piadas *deles.*

Você demora semanas para telefonar e o cliente sente que não é importante.

Você cancela uma reunião e ele sente que não é importante.

Você acha que ele havia pedido para que você enviasse sua proposta na "próxima sexta-feira" e não nesta. Sem querer você errou e a enviou uma semana depois da data esperada pelo cliente.

Ele sente que não é importante.

Sempre que seus clientes estiverem com dúvida, eles verão seu comportamento — e seu modo de vê-los — da pior maneira possível. Sempre que puder, você deve acabar com a dúvida. Não a ignore, aproveite todas as chances de garantir a seus clientes que eles são importantes para você.

Lembre-se da importância da importância.

Pessoas precisam de pessoas

Se você já viu este anúncio, sorriu:

"Procurando um serviço DSL? Você sabe, do tipo que envolve pessoas?"

Esse simples anúncio de ponto de ônibus funcionou porque atendia ao nosso desejo. Nós queremos serviços de pessoas, não de máquinas.

Não gostamos de mensagens gravadas. Atenda nossos telefonemas, demonstre seu interesse em nos ajudar.

Não queremos máquinas; queremos responsabilidade, alguém para telefonar quando as coisas derem errado. Não queremos ouvir que os sistemas estão fora do ar; não queremos mais aceitar isso. Instale sistemas melhores.

Não queremos receber faxes ou equivalentes — de mensagens telefônicas a mala-direta. Quando queremos um serviço, é do tipo ao qual aquele anúncio de DSL se referia.

Do tipo que envolve pessoas.

Nós gostamos de um toque humano — literalmente. Muitos garçons sabem, e muitos estudos mostraram, que se um garçom tocar levemente em seu braço por apenas alguns segundos, você dará uma gorjeta maior.

Elimine os atalhos eletrônicos.

O dinheiro não pode comprar a fidelidade

"Eu amo Nova York" — talvez. Mas "Eu amo minha companhia de aviação"?

Quando você recebe *upgrades* grátis e outras recompensas por submeter-se a viagens aéreas, beneficiou-se de um programa de fidelidade criado para recompensar os clientes "assíduos" e "fiéis".

Toda empresa deveria conhecer e tentar reter seus melhores clientes. Mas o marketing de fidelidade freqüentemente falha, porque muitos dos que o praticam presumem que as pessoas se sentem fiéis às empresas. Elas não se sentem.

Pessoas se sentem fiéis a pessoas.

Um grande esforço institucionalizado para segmentar os usuários assíduos, quando não acompanhado de um esforço pessoal, não torna os clientes fiéis.

Só os desencoraja a fugir.

As companhias de aviação ilustram a falácia por trás dos muitos programas de fidelidade. Apesar de mais de uma década de marketing de fidelidade, hoje as companhias de aviação americanas têm os clientes menos fiéis — na verdade, os mais hostis — do mundo. O motivo é simples: elas tratam mal os clientes.

As companhias de aviação enviam cartas pelo correio com alguns cupons, vales-bebida e certificados de desconto no aluguel de automóveis. Como essas cartas são vistas? Quem as escreve poderia igualmente começar dizendo: "Eis algumas coisas que nós damos às pessoas que nos dão muito dinheiro."

A carta inteira é pré-impressa: impessoal, comercial e transparente.

Se as companhias de aviação quisessem clientes fiéis, pediriam desculpas. Seus executivos telefonariam para seus clientes assíduos e diriam: "Nós pedimos desculpas por não tê-lo atendido no verão passado e lhe agradecemos por permanecer conosco."

Se você quiser fidelidade pessoal, deve tocar as pessoas pessoalmente.

A fidelidade não vem do marketing. Vem dos sacrifícios pessoais. Não mande um monte de cartas para seus clientes ou os suborne. Em vez disso, sirva-os. Desenvolva um Plano de Cliente-Chave específico para os próximos doze meses. Identifique os clientes-chave — aqueles 20% que tipicamente fornecem cerca de 80% de sua receita. Especifique o que fará para que todos eles se sintam apreciados.

E faça.

Se você quer clientes fiéis, dirija-se a eles — pessoalmente — e sirva aos melhores com paixão.

Diga não às ferramentas eficientes

Você é John e recebe esta carta sedutora.

"Querido John, sinto sua falta. Marcia."

Naturalmente, você fica curioso. Pega o envelope na cesta de lixo para saber mais. Vira-o e lê o nome do destinatário. Fica desapontado.

No lugar do destinatário está escrito: "Ou ao residente atual."

Bizarro? É claro. Contudo, a carta de Marcia se parece com as cartas que as empresas enviam regularmente. Podendo "personalizar" suas comunicações de massa, as empresas fazem isso. A executiva de contas Marcia, partindo para um fim de semana para esquiar, envia cartas avisando aos clientes de sua ausência, fazendo com que cada carta pareça endereçada apenas àquela pessoa.

Como todos nós, John sabe que Marcia enviou uma mensagem geral. Que mensagem ele recebeu?

"Você é apenas um de meus clientes."

Pior ainda, Marcia usou a "tecnologia para melhorar o serviço aos clientes" para fingir que dedicou tempo a John. Marcia comunicou a John não só que ele não é importante como também que ela acha que pode enganá-lo.

E ela ficou feliz em tentar fazer isso.

Contudo, a primeira regra nos relacionamentos é: *é o tempo que conta.* Não é a carta, o e-mail ou o telefonema que o cliente valoriza mais — é o tempo por trás de cada comunicação.

> *"Hoje em dia os relacionamentos são a forma mais poderosa de mídia."*
> — Pam Alexander, CEO, Alexander Ogilvy Public Relations, San Francisco.

Quando as palavras se tornaram mais baratas, o tempo — finito, fugidio e aparentemente menor — se tornou mais valioso. Os gestos que tomam tempo dizem à outra pessoa: "Você realmente é importante."

As ferramentas eficientes de serviços aos clientes dizem a eles: "Meu tempo é mais importante que você."

É o tempo que conta.

"Obrigado, (coloque o nome do cliente aqui)"

Evite tudo que seja massificado.

Resista, por exemplo, a enviar o mesmo presente de Natal para todos os clientes. Nunca envie um cartão com apenas uma assinatura; não enviar nada funciona melhor. As pessoas querem se sentir importantes e rejeitam os gestos que sugerem que elas são apenas mais um rosto.

Para fazer o cliente se sentir importante, você não pode tratá-lo como se fosse qualquer um. As cartas pré-impressas fazem as pessoas se sentirem sem importância. Por outro lado, as escritas à mão são mágicas.

Não se apresse. Escreva à mão.

O fim da linha

Nós já vimos explosões de raiva no trânsito e em aviões. Agora veremos no "registro". É quando os clientes ficam tão irritados em uma fila que explodem.

Há vinte anos, os americanos usavam seu tempo em filas para conversar. Há dez anos, essas pessoas começavam a bater os pés. Hoje estão explodindo.

As pessoas não estão mais esperando.

Nós queremos que a espera seja cada vez mais curta. O America's Research Group relatou que mais de quatro em cinco mulheres e nove em dez homens pararam de freqüentar lojas em virtude das longas filas. Contudo, poucos lojistas se dão conta disso. A maioria aponta para as pesquisas, que parecem mostrar a satisfação dos clientes, e insiste em que esse problema não existe.

Você provavelmente também não acha que os atrasos aborrecem os clientes. Mas aborrecem. Hoje as pessoas se sentem com pressa — mesmo quando dizem que não estão. Elas comunicam essa impaciência com os pés.

Vão embora para sempre.

O quão rápido você deve atender o telefone? No primeiro toque (pratique isso). O quão rápido deve retornar um telefonema? Em dez minutos (pratique e estimule esse comportamento). Responder a um e-mail? Hoje em noventa minutos, daqui a um ano em uma hora.

Durante décadas, as companhias de seguros presumiram que os clientes esperavam a resposta para um pedido de indenização em cerca de uma semana. A Progressive surgiu dizendo que isso era tempo demais e começou a enviar represen-

> *Um sinal de que a insatisfação com os serviços está aumentando foi uma matéria no* Wall Street Journal *de 20 de fevereiro de 2000 sobre o surgimento do quarto alvo de raiva, os hotéis — causada por hotéis lotados e funcionários mal treinados.*

tantes para as cenas de acidentes, freqüentemente para preencher um cheque antes da chegada do reboque. *Antes.* Rápido assim.

A Progressive se tornou muito bem-sucedida.

Seja cada vez mais rápido.

A Corrida da Kohl's para o coração dos clientes

A Kohl's Corp. entende isso.

Prosperou enquanto outras cadeias de lojas de departamentos tropeçavam e enviavam pessoas para espionar a Kohl's em busca de seu segredo.

Os compradores da loja de departamentos logo o descobriram — ou assim pensaram. A Kohl's oferece produtos de marca a preços mais baixos. Os compradores imaginaram que a Kohl's podia cobrar menos porque suas lojas, comparativamente pequenas (com, em média, 8.000m²), tinham metade do tamanho de outras lojas de departamentos e estavam localizadas em áreas com aluguéis mais baixos.

Esses compradores estavam, em parte, certos. Os designs das lojas da Kohl's contribuíam muito para o sucesso. Mas não era economia que produziam. Era lucro.

O tamanho *e* a configuração das lojas da Kohl's as tornam singularmente atraentes — porque elas oferecem algo em que ninguém pensa em uma loja de departamentos.

Rapidez.

Você entra em uma Kohl's e anda em um grande espaço oval com não mais de cinco prateleiras de cada lado. Se achar o que quer e desejar sair dali, cada loja tem um corredor no meio que leva diretamente às caixas registradoras. Sua caminhada por todo o andar — e quase todas as lojas da Kohl's ocupam apenas um andar para acelerar a visita — é de menos de 460m. Essa é metade da distância que você percorre em uma loja de departamentos comum.

Você poderia presumir que seus layouts simples, com apenas cinco prateleiras por departamento e corredores largos que ocupam espaço onde poderia haver mais mercadorias reduzem a receita da Kohl's. Aparentemente, a aumentam. As vendas médias da Kohl's por metro quadrado excedem as da Marshall Field em 20% e as da Dillard em quase 100%.

Se você ainda se pergunta se a rapidez é o que torna a Kohl's tão atraente, pense na inspiração para o design da loja:

Pistas de corrida.

Os clientes valorizam o tempo deles e você se beneficiará se o valorizar também.

O que a empresa pode fazer?

Encoraje uma política de atender todos os telefonemas antes do segundo toque. Abrevie todas as mensagens de correio de voz. Certifique-se de que todas as ligações serão encaminhadas para os celulares dos funcionários quando eles não estiverem em suas escrivaninhas, e os incentive a levar seus celulares sempre que se ausentarem.

Seja o que for que você fizer, faça-o rápido. A rapidez funciona.

Como uma ida a um estacionamento da Kohl's dirá a você.

Diminua segundos em toda parte.

Apesar de sua ênfase nos preços baixos, a Kohl's ainda entende o valor da embalagem. As mercadorias são arrumadas de acordo com pesquisas detalhadas sobre as preferências de cores e padrões dos clientes, e todos os dias a loja cumpre rigorosamente um "período de recuperação" às 14 horas, em que todos os funcionários — inclusive secretárias e gerentes — arrumam as prateleiras.

Como a Priceline quase quebrou

A Priceline.com parecia uma idéia revolucionária, um aplicativo inovador para a internet. Fique on-line e peça preços de hotéis, viagens e outros serviços.

A Priceline.com apoiava a idéia com anúncios notáveis e freqüentes na televisão apresentando o ator William Shatner, mais conhecido por comandar a nave especial *Enterprise* em *Jornada nas estrelas.* Por motivos que iludiram muitas pessoas, esses anúncios irônicos funcionaram. Muitas delas visitaram o site da Priceline.

Uma vez.

A Priceline.com quase se matou com a complexidade. Seu site era confuso e lento. As pessoas que valorizavam o tempo — todas elas — subconscientemente começaram a fazer análises da relação custo-benefício enquanto navegavam pelo site.

"Obtive um bom preço", disseram os clientes. "Mas isso valeu o meu tempo?" Não.

Simplifique e acelere tudo. Comece uma Iniciativa de Velocidade Total. Examine as atividades de todo possível e atual cliente e meça ou estime quanto tempo cada passo de seu serviço demora — o número médio de toques para atender o telefone, o tempo para responder a uma proposta ou encontrar alguém "fora de sua escrivaninha".

Então corte esse tempo pela metade.

Depois o corte pela metade de novo até você se aproximar do tempo real.

Após contratar ótimas recepcionistas, nenhuma iniciativa fará mais para aumentar a satisfação de seu cliente.

Implemente uma iniciativa de velocidade total.

Os bons vizinhos aparecem

Para várias empresas de terceirização americanas, milhões de dólares estavam em jogo na primavera de 1998. Aqueles milhões pertenciam a uma das maiores companhias de seguros do mundo, a State Farm, e estavam prestes a ir para uma empresa externa que lidaria com a folha de pagamento, os benefícios e vários outros programas para os funcionários da seguradora.

Todas as finalistas se apresentaram bem. Os folhetos pareciam profissionais e os apresentadores cordiais e confiáveis.

Como a State Farm escolheu?

No final — como freqüentemente acontece —, os possíveis clientes ficaram confusos. Quem escolher? Eles encontraram uma solução: entraram em seus carros e, sem avisar, visitaram os escritórios de cada finalista.

Entraram nas salas de espera, cumprimentaram as recepcionistas, olharam ao redor e visitaram brevemente seus contatos. Então foram embora e decidiram. Como?

"Nós escolhemos a empresa que pareceu melhor."

Os executivos da State Farm examinaram centenas de propostas, horas de apresentações e algumas despesas gerais. Então — como milhares de possíveis clientes — inclusive os seus —, escolheram a empresa cuja sala de espera e recepcionista "pareceram certos".

Como seu espaço faz as pessoas se sentirem? Parece lhes dar boas-vindas e ser profissional?

Os funcionários parecem pessoas com quem você faria negócios?

Seu próximo grande cliente poderia aparecer esta tarde. Sempre esteja pronto e demonstre certeza.

O Mercer, o Morgan e o Grand: o poder de se sentir bem-vindo

Algumas palavras parecem poções. Mudam o modo como nós nos sentimos.

Psicólogos descobriram que isso era verdade, inclusive em relação a uma palavra de valor especial para os fornecedores de serviços: *bem-vindo*. Essa palavra reduz o ritmo cardíaco e a ansiedade de quem a ouve.

Acariciar um gato tem a mesma influência, como aprendeu um bem-sucedido fornecedor de serviços. A livraria infantil Wild Rumpus, em Minneapolis, tão popular que certa vez a revista *Fortune* tentou descobrir seus segredos, tem gatos andando pela loja e pegando sol feito sultões na vitrine da frente. (Se seu serviço for informal, talvez você não precise de anúncios melhores, e sim de mais gatos.)

Os hóspedes no Grand Bar do Soho Grand Hotel de Nova York testemunham há anos a magia de se sentir bem-vindos. Eles entram no bar e são afetuosamente cumprimentados por uma mulher surpreendente chamada Tracy — na verdade, tão cordialmente que se demoram mais, gastam mais e recomendam o bar de Tracy para todos: um bar de Nova York em que cordialmente todos sorriem para você — incrível!

Em nosso trabalho, aprendemos que os primeiros cinco segundos — o cumprimento, as boas-vindas, a resposta da recepcionista — influem mais na satisfação do cliente do que qualquer outra coisa Os clientes adoram se sentir bem-vindos.

Como você cumprimenta seus possíveis e atuais clientes?

Como as pessoas atendem os telefonemas? Elas são receptivas? Ou os atendem como a ex-recepcionista de uma grande empresa de contabilidade e consultoria de Nova York? O executivo dessa empresa certa vez respondeu a um questionário que perguntava "Como as pessoas que telefonam e visitam sua empresa são recebidas?" com palavras escritas às pressas: "Por uma telefonista curta e grossa!"

Domine a arte de receber bem.

Randy Gerber, gênio por trás do Grand e de muitos outros bares lotados de Nova York — o Mercer, o Morgan, o Whiskey e o Whiskey Blue —, confessa que sua prioridade é encontrar funcionários amigáveis. (Quando este livro estava sendo escrito, o Sr. Gerber também era famoso por ser o Sr. Cindy Crawford.) "Eu digo a todos os meus funcionários que você pode comprar uma Heineken no bar ao lado", declarou Gerber à revista Soho Style em 2001. "Os clientes podem vir uma vez porque leram sobre um lugar. Mas se eles voltarem, será por causa do nosso staff."

O modo mais rápido de aumentar a satisfação do cliente

Saia às ruas.

Solicite a seis pessoas — idealmente, seis funcionários — que passem as próximas quatro semanas ob-

> *Um serviço que valoriza o poder de uma ótima recepcionista é a Ohio State University Alumni Association em Columbus, Ohio. Sua maravilhosa recepcionista cumprimenta cordialmente as pessoas, em parte porque seu cartão de visitas faz com que ela se lembre constantemente de seu enorme poder de influência. Seu título nele é : "Diretora de Primeiras Impressões."*
>
> *Richard Stern, há muito tempo recepcionista do Greater Phoenix Economic Council, ganhou um título mais amplo que reflete sua influência. O título é "Diretor de Primeiras e Últimas Impressões".*

servando todas as recepcionistas que encontrarem, e peça que lhe tragam o nome das melhores.

Então trate de encontrar essas seis recepcionistas. Escolha as duas melhores, telefone para elas e ofereça à que atender o telefonema mais cordialmente um aumento de 30% em seu salário para trabalhar para você.

Executivos da Banfield (anteriormente VetSmart) descobriram em milhares de pesquisas que seus primeiros segundos com os clientes — a boa recepção — influi mais na satisfação deles do que qualquer outro ato de atendimento.

A boa recepção é o momento mágico no atendimento ao cliente.

Durante a primeira semana da nova recepcionista, você notará algo diferente: o tom das pessoas que telefonam para você. A nova recepcionista terá tornado cada telefonema mais cordial e sua vida mais fácil — e aumentado sua taxa de conversão.

Para tornar sua recepção notável, encontre — e pague — uma recepcionista notável.

Quatro regras para escolher clientes

Confie em seus instintos. Se algo parece errado, está.

Os maus clientes não geram retornos mínimos; geram prejuízos.

Se um possível cliente estiver mais interessado no custo, você nunca ficará feliz e sempre estará vulnerável.

Você não pode fazer um mau negócio com uma boa pessoa ou um bom negócio com uma má pessoa.

O presente que não é presente

Tente imaginar a alegria de centenas de executivos americanos que, numa segunda-feira após o dia de Ação de Graças, encontraram uma caixa do tamanho de um livro em suas escrivaninhas.

Imagine os rostos sorridentes quando eles as abriram para descobrir a surpresa: chocolate, na forma de um envelope de grossa espessura!

Imagine os olhares de alegria quando eles examinaram os envelopes de chocolate e notaram uma área em relevo no canto superior esquerdo e viram que era o logo da empresa de mala-direta que recentemente tinham usado para o projeto.

Agora imagine o que eles sentiram. "Essa empresa gosta tanto de mim que me enviou um *anúncio?*"

Envie presentes e anuncie, mas nunca ao mesmo tempo.

Preste atenção ao que você dá.

Seus clientes estavam sempre certos

"Agora deixe-me falar sobre um cliente que nós tivemos."

Não, não fale. Nunca fale sobre um antigo cliente, isso pode ser interpretado como crítica.

Essas afirmações ameaçam os possíveis e atuais clientes. Fazem com que eles achem que você também poderá criticá-los.

Elogie todos os clientes — especialmente os antigos.

Mantenha a confiança do cliente

Um provérbio espanhol diz isso perfeitamente: "Quem fofoca com você fofocará sobre você."

Nunca divulgue nada sobre um cliente que possa parecer confidencial. Proteja todos os clientes, antigos e atuais — uma regra que surge de uma verdade que todos conhecem.

As pessoas que revelam segredos revelarão os nossos.

Guarde os segredos de seu cliente.

Uma promessa escrita é uma promessa cumprida

"Uma promessa verbal não vale o papel em que está redigida", foi escrito certa vez, e há uma sabedoria empresarial nisso.

Pense em uma ocorrência muito comum. Você diz que encontrará Susan amanhã às 15h30 no Picasso. No dia seguinte, às 14h45, o telefone toca.

— Onde você está? — pergunta Susan.

— Aqui, eu disse que estaria aí às 15h30.

— Não — retruca ela. — Você disse às 14h30.

A resposta "Meu Deus" sempre se segue. Em um tom que sugere que você acha que ela poderia estar certa (e sabe que não está), você responde, "Meu Deus, eu poderia jurar que disse 15h30." E essa conversa continua — freqüentemente em todo o mundo.

Considerando os objetivos de desenvolver seu negócio, Susan está sempre certa nessas ocasiões. Ela está desapontada, frustrada e perdeu algo precioso: tempo.

Há um modo de minimizar esses erros e, talvez melhor ainda, evitar ser culpado por eles. Sempre que você se oferecer para fazer alguma coisa — *qualquer uma* — para um cliente, anote-a. Então envie ao cliente uma cópia para que vocês dois saibam exatamente o que foi prometido.

Mantenha suas promessas organizadas por data. Isso lhe permitirá verificar em sua mesa ou computador as datas-chave.

E se você acredita que não fez nenhuma promessa? Anote isso também. Envie-o e peça ao cliente para confirmar que o entendeu.

Poucas coisas os clientes valorizam mais do que coerência e previsibilidade, o conforto de saber que você fará exatamente o que disse — como eles o ouviram dizê-lo. Nesse caso, as meras promessas verbais não valem o papel em que você não as escreveu — mas as promessas escritas valem muito.

Ponha todas as promessas no papel.

Os três momentos-chave: 3, 24, 5

Há um atalho para o serviço de qualidade superior? Não, há três atalhos.

Primeiro, domine o 3. Pesquisas mostram constantemente que os três primeiros segundos influem mais na satisfação do cliente do que todos os que se seguem. Como você cumprimenta as pessoas? Que primeiras impressões seu escritório causa? O visitante é cumprimentado imediata e cordialmente? A mesa da recepcionista fica de frente para quem entra no escritório?

Seus telefonemas são sempre atendidos cordialmente e até o terceiro toque? Seu escritório tem vida? (Para ajudar a lhe dar vida, ponha um vaso de flores frescas sobre a mesa da recepcionista — o que causa uma ótima impressão.)

Agora, o 24. A Bell South aprendeu muito bem essa "Lição do 24". Estudando dois grupos de atendimento a clientes comerciais, os gerentes da Bell South descobriram que o Grupo Um apresentava uma taxa de satisfação do cliente 40% mais alta do que o Grupo Dois. Passaram-se semanas antes que eles descobrissem o porquê.

O Grupo Um tinha uma política escrita que exigia que os funcionários acompanhassem os clientes nas 24 horas que se seguiam a um telefonema, uma visita ou uma simples mensagem. "Está tudo bem"? Você recebeu a informação/a resposta/o serviço de que

precisava? Há algo mais que eu possa fazer por você?"
Faça o acompanhamento nessas 24 horas. Sempre.

Finalmente, o 5. (Você precisará do dobro de envelopes no próximo ano.) Cinco dias (menos um ou mais um) após o contato com um possível ou atual cliente, envie um bilhete de agradecimento. E você também precisará de mais canetas, porque deve escrevê-lo à mão. Os bilhetes digitados no computador são muito fáceis de fazer a partir de um modelo e de delegar a uma secretária. Os bilhetes escritos à mão mostram claramente que a pessoa foi merecedora de seu tempo.

Para desenvolver o hábito de escrevê-los, leve com você cartões de agradecimento e envelopes para onde for — cafeterias, lojas e restaurantes — enquanto você espera seu encontro para o almoço. As oportunidades surgem constantemente. (Um complemento positivo: escrever bilhetes é mais interessante do que as revistas oferecidas nos aviões e 90% mais interessante do que os cardápios das companhias aéreas.)

3, 24 e 5: esses momentos são mágicos e geram negócios.

Entenda o que é ouvir

"Nós ouvimos."

Hoje em dia, empresas estão dizendo aos possíveis clientes que os ouvem. Mas se ouvissem não diriam isso — e saberiam o verdadeiro motivo pelo qual ouvir é importante para os clientes.

O uso excessivo dessa frase a tornou inútil. No mínimo, pronunciá-la sem evidências que a apóiem a torna suspeita, assim como uma frase comum de advogados deixou temerosas pessoas como o falecido Sam Ervin, o senador que se tornou famoso como presidente da Comissão de Inquérito que investigou Watergate.

"Quando alguém se apresenta como apenas 'humilde advogado rural'", disse Ervin, "eu imediatamente estendo o braço para trás e me certifico de que ainda estou com minha carteira."

As empresas que dizem "nós ouvimos" cometem um segundo erro, que revelam quase imediatamente. Com poucas exceções e apenas ligeiras mudanças de estilo, todas elas continuam: "Nós ouvimos você atentamente e encontramos uma solução que satisfaça suas necessidades específicas."

Isso sugere que poucas empresas percebem por que os clientes valorizam pessoas que ouvem. Não é porque ouvir aumenta as chances de obter uma solução melhor. Três estudos nos últimos dez anos — do principal desenvolvedor comercial dos Estados Unidos, de clientes dos grandes escritórios de advocacia do Upper Midwest e do VIP Forum — demonstram que os clientes não compram soluções. Em todos os estudos, o "pronto atendimento aos telefonemas" e o "sincero interesse em desenvolver um relacionamento a longo prazo" foram considerados bem mais importantes do que a "habilidade técnica" — a capacidade de encontrar a melhor solução.

Não é a melhor solução que os clientes valorizam. É o simples ato de ouvir. Nós o valorizamos em função de como faz com que nos sintamos: importantes.

Teste sua experiência. Por exemplo, você encontra uma pessoa em uma festa e ela exibe todas as características de um não-ouvinte crônico. Seu olhar percorre a sala. Ela começa a falar no segundo em que você pára, freqüentemente sobre um novo assunto. Não se envolve fisicamente com você se aproximando — "ouvindo com todo o corpo".

O que você diz sobre essa pessoa após a festa? Diz que não ficou impressionado; ela pareceu um pouco presunçosa. Mas você só a desvaloriza porque ela fez o mesmo com você. Fez com que não se sentisse importante.

Em toda parte, procuramos estima e fugir de situações que nos diminuam. Isso nos faz evitar as pessoas que parecem não nos valorizar; nós evitamos os serviços que não nos ouvem.

Você deve ouvir. O negócio depende disso.

O silêncio vale ouro

A oradora anda a passos largos para o palanque e examina a multidão. Dois segundos, três segundos, quatro. Finalmente, com todos agora a observando atentamente, ela fala.

Uma cantora pára e a música toca. Cinco segundos, depois dez, agora mais. Você sente o suspense enquanto espera pelo que ela cantará depois.

Uma testemunha espera segundos antes de responder à pergunta do advogado jurisdicional. Você ouve muito mais atentamente do que ouviria se a testemunha tivesse respondido logo.

O silêncio — a pausa que sugere que será seguida de algo importante, o espaço em branco da conversa — funciona. Põe as palavras em mais alto relevo. Sugere que elas serão importantes. Torna-as eficazes e mais memoráveis.

Nas vendas e no marketing, é difícil resistir a falar entusiástica e freqüentemente. Mas isso faz você parecer ansioso demais por vender e muito inclinado a não ouvir.

Em 1981, a E.F. Hutton ultrapassou 1 bilhão de dólares em ativos. Todos os dias, em milhares de comerciais de televisão, eles nos lembravam de que "quando E.F. Hutton fala, as pessoas ouvem". Sete anos depois, E.F. Hutton se foi.

As pessoas só o ouvirão depois que você mostrar que as ouvirá.

Ouça. Ouça muito, ouça com atenção e faça uma pausa antes de falar.

Como ouvir

Não ouça apenas o que a pessoa está dizendo. Visualize-o.

Quando ela falar, crie uma imagem visual — até mesmo um filme — que ilustre o que você diz. Isso o ajudará a entender, acompanhar e se lembrar do que foi dito — até mesmo um mês depois. Pode ajudá-lo a se lembrar de que Jessie, a filha de Sue Crolick, está vivendo em uma casa vitoriana perto de Haight-Ashbury, em São Francisco, e que o namorado dela, que antes remava, agora está treinando triatlo para os Jogos Olímpicos. Se você guardasse apenas as palavras dessa história e não as imagens, se esqueceria delas no dia seguinte.

Não ouça com seus ouvidos. Ouça com seus olhos.

Uma lição do deserto do leste do Oregon: como se lembrar de nomes

É engraçado onde você encontra as respostas para os problemas. Esta você pode encontrar no lar do Pendleton Round-Up.

A apenas um quarteirão ao norte da Great Pacific Wine and Coffee Company, que serve os melhores capucinos a oeste de Milan e onde grande parte deste livro foi escrito, fica o Pendleton Sports, que pertence a Dean Fouquette desde que ele se formou na University of Oregon, no final da década de 1970. Sem dúvida um pouco do sucesso de Dean ocorreu em virtude de seu status de celebridade: ele é o único jogador do Pendleton Buck que já recebeu menção honrosa em três esportes. Mas Dean também tem um dom que os clientes amam: ele se lembra do nome de todos.

Trata-se de um truque.

Sempre que ele ouve pela primeira vez o nome de uma pessoa, lhe dá imediatamente um sobrenome memorável — em geral o de alguém famoso. Então ele nunca conhece Tom, Dick, Harry e June. Conhece "Tom Cruise, Dick Nixon, Dirty Harry e June Bug." Além disso, combina rapidamente uma característica física desse novo conhecido com seu nome inventado — por exemplo, os dentes de Tom e o nariz de Dick, ou simplesmente imagina essa pessoa como a inventada — vendo Harry dizendo, por exemplo, "faça-me muito feliz".

Isso funciona, porque nós nos lembramos mais de palavras distintivas do que de genéricas, e mais de imagens do que de palavras (como é ilustrado pela frase comum: "Eu me lembro do rosto, mas não consigo me lembrar do nome").

Experimente isso. Poucas coisas parecem tão agradáveis de ouvir quanto o som do próprio nome.

Seja como Dean.

A regra do "Total Mais Um"

Em 13 de outubro de 1994, um funcionário da Marshall Field prometeu a um cliente de Minneapolis que seu casaco esportivo de verão seria consertado e entregue no dia 23 de junho, ao meio-dia. O cliente foi à loja, mas o casaco não estava pronto. Ele pareceu frustrado, como fica a maioria dos clientes quando algo prometido não é entregue — embora, nesse caso, fosse algo de que ele não precisaria (em virtude do tempo em Minneapolis) por pelo menos sete meses.

O funcionário daquele dia, um homem de cabelos muito escuros chamado Roger Azzam, percebeu a frustração do cliente e correu para a sala de consertos, voltando rapidamente segundos depois.

A BELEZA AMERICANA E *UMA LINDA MULHER* 281

"Cinco minutos", disse ele ofegante ao cliente. "O casaco ficará pronto em cinco minutos."

O cliente ficou satisfeito? Esse foi apenas o início. Ele se sentiu em dívida. Roger, obviamente um Tipo A vivendo à beira de uma trombose, arriscara sua vida pelo casaco. O cliente sentiu uma obrigação moral e, dez minutos depois, tentou cumpri-la — gastando 1.300 dólares em roupas.

Roger havia aprendido o poder do Princípio da Reciprocidade, uma lição que todos que trabalham no setor de serviços deveriam aprender.

Segundo este princípio, as pessoas não perdem as coisas de vista; sabem o que fizeram para os outros e o que foi feito para elas. Por exemplo, nós sabemos que "eles nos convidaram para jantar duas vezes e nós só os convidamos uma". Portanto, "é a nossa vez de convidá-los". Nós nos lembramos de favores feitos e obtidos e a maioria das pessoas sabe quando está em déficit.

Mas o Princípio da Reciprocidade não dita que você deve apenas reembolsar totalmente os prejuízos quando comete erros. Como indica o sacrifício de Roger, o grande poder reside no "total mais um".

Para ilustrar por que não basta "reembolsar o cliente", pense em outra história verdadeira e comum. Uma mulher fez um permanente em um salão de Upper East Side, Nova York. Três semanas depois, ela olhou no espelho de seu banheiro e percebeu que o permanente fora apenas temporário. Com os cabelos lisos como prova, ela voltou ao salão, que se ofereceu para lhe devolver o dinheiro.

A cliente se sentiu totalmente ressarcida e satisfeita?

Não. Ela só recuperou o dinheiro. Não recebeu nada pelo tempo que gastou para ir e voltar do salão, ficar sentada na cadeira, ou sofrendo a frustração de não ter o que desejava — apesar do que havia pago. A devolução do dinheiro não cobriu os custos de tempo e emoções.

Como todo serviço, o salão precisava reembolsar o "total mais um". Seu serviço deve fazer o mesmo. Para que um cliente volte, você deve se superar.

Não apenas corrija os erros. Compense-os.

As dez regras das boas maneiras nos negócios

Releia estas regras regularmente e ponha uma cópia delas sobre as mesas de todos os funcionários. Segui-las tornará sua empresa e sua vida — e a dos outros — mais ricas, em todos os sentidos da palavra:

1. Sempre espere uma fração de segundo após uma pessoa terminar de falar antes de você começar.
2. Ouça com todo o seu corpo.
3. Seja positivo.
4. Fale bem dos outros.

A BELEZA AMERICANA E *UMA LINDA MULHER*   283

5. Memorize nomes.
6. Nunca tente impressionar. O esforço sempre é visível e diminui você.
7. Nunca torne suas conversas — particularmente ao celular — públicas.
8. Elogie, mas jamais adule. O elogio faz as pessoas se sentirem bem; a adulação faz com que se sintam manipuladas.
9. Uma regra simples para sempre que você estiver em dúvida: seja gentil.

Simplesmente faça isso.

Contrate seu staff como o Spago

Contrate para relacionamentos e treine para habilidades. Há dois bons motivos para seguir essa estratégia.

Primeiro, as pessoas constantemente melhoram em suas tarefas, mas poucas se aperfeiçoam em seu modo de se relacionar.

E os clientes perdoam os erros de quem parece se importar com eles, mas raramente desculpam os de quem não parece se importar.

> *A matéria de Avins foi publicada em 19 de março de 2001 no Los Angeles Times, cobrindo o fechamento do Spago Hollywood, quando Puck passou a concentrar suas operações de Los Angeles em seu novo e maior Spago, em Beverly Hills.*

O Spago Hollywood de Wolfgang Puck tratava seus clientes esplendidamente. Puck criou esse nível de serviço contratando-o, como descobriu Mimi Avins, do *Los Angeles Times*. "Puck sabia que seria mais fácil contratar uma ótima pessoa e lhe ensinar a servir", escreveu Avins, "do que tentar contratar uma pessoa experiente mas desagradável."

Os clientes amam as pessoas que demonstram se importar com eles, e perdoam seus erros, tropeções e fracassos. Contrate-as.

Contrate para relacionamentos e treine para habilidades.

O atalho do Ritz-Carlton para a satisfação dos clientes

Quando você entra pela porta da frente, o vigia noturno sorri. Você entra no saguão e duas camareiras passam. Elas sorriam. Você caminha até a recepção. O funcionário sorri. Não importa para onde você vá, as pessoas sorriem.

Há duas possibilidades. Você está em *Mulheres perfeitas* ou em um hotel Ritz-Carlton.

Como este hotel faz você se sentir tão bem-vindo?

Você poderia argumentar que isso se deve aos preços deles, que lhes permitem pagar e atrair os melhores funcionários. Mas essa não pode ser a resposta; muitos hotéis mais caros não fazem seus hóspedes se sentirem tão bem-vindos.

Isso não se deve aos preços do Ritz-Carlton. Deve-se aos mantras.

Diariamente, todos os funcionários do hotel recebem um memorando do diretor de serviços de hospedagem. A informação muda diariamente, mas uma coisa nunca muda. Cada comunicação apresenta o mantra do dia: uma idéia-chave de serviço para cada funcionário naquele dia.

Um dia pode ser "lembre-se do nome de cada hóspede e o use com freqüência". No dia seguinte: "Arrume tudo que pareça fora de ordem." No dia em que você chegou, era: "Sorria para todos os hóspedes e faça com que eles se sintam especiais."

Após ler e praticar essas idéias-chave, dia após dia, os mantras do Ritz-Carlton se tornam práticas que logo viram hábitos. Finalmente esses hábitos se tornam parte do modo de pensar e trabalhar dos funcionários. Os funcionários têm um desempenho melhor e depois se tornam melhores — mais úteis e atenciosos. Os mantras mudam nossas ações e depois as ações mudam nossas atitudes. Nós nos tornamos o que fazemos.

"Nós fazemos o que somos; nós nos tornamos o que fazemos."
— Robert Musil

Esse ponto merece ser repetido. Freqüentemente nos deparamos com lembretes essenciais como clichês inúteis — talvez porque notemos que muitas pessoas que os usam não vivem de acordo com eles. Isso não deveria impedir você de reconhecer que os mantras *realmente* funcionam. Repetimos algo e começamos a agir de acordo; agimos repetidamente de um determinado modo e nos tornamos essa ação — essas palavras poderosas se tornam nosso comportamento e o comportamento molda o que somos.

Fazemos o que dizemos e depois nos tornamos o que fazemos.

Experimente mantras. Eles transformam as pessoas que os usam e melhoram o serviço.

Um atalho: use mantras.

Como Judy Rankin jogou uma rodada com 63 tacadas

Dirigindo-se à multidão de mulheres em março de 2002, uma profissional ficou confusa. Judy Rankin, membro do World Golf Hall of Fame e comentarista de golfe na televisão, incentivava mais de 140 jogadoras da Ladies Professional Golf Association (LPGA) no público a entrar em contato com os fãs; por fim, ela confessou que não sabia como. "Eu nunca fui muito boa nisso", disse ela.

Judy estava sugerindo que você tem ou não tem o corolário do "vendedor natural", o tipo capaz de convencer um pingüim a comprar um smoking.

A oradora não conseguiu resistir.

— Judy, em sua primeira rodada de golfe qual foi sua pontuação?

— Nove, eu acho. Eu dei 84 tacadas.

— Oitenta e quatro? Para apenas nove buracos, Judy?

— Sim.

— Você foi mal!

A oradora continuou.

— Agora, como profissional, qual foi sua melhor pontuação?

— Sessenta e três.

— Sessenta e três; 105 tacadas para 18 buracos. Cento e cinco! Como você melhorou tanto?

— Trabalho duro, persistência ...

— É isso mesmo, Judy. Você *praticou*!

O conselho para a golfista foi o mesmo que um homem recebeu quando perguntou a um autor famoso como se tornar um escritor. "Sente-se e escreva algo todos os dias", disse o autor. "Daqui a dez anos, você será um escritor."

Comece a praticar hoje. Escolha uma "melhor prática" e a realize todos os dias, uma prática de cada vez. Quando a tiver dominado, passe para a seguinte — como escrever o dobro de bilhetes à mão, aprender a se lembrar dos nomes das pessoas ou olhá-las nos olhos sem focar na multidão atrás ou ao redor delas. Simplesmente faça isso: pratique.

As palavras se tornarão seu comportamento. O comportamento se tornará seu hábito. E o novo hábito o recompensará. No final do ano, tudo será diferente: você, aqueles com quem entra em contato e o negócio.

Pratique. Todos os dias.

As características que os clientes amam

Humildade e generosidade

Sean Bruner, de Tucson, adora cinema, particularmente o filme *Antes do anoitecer*, de 2000, do diretor Julian Schnabel. Mas ele gostava muito mais de Schnabel e do filme antes de ler a *New York Times Magazine* de 25 de março de 2001.

Em sua carta para o editor da revista, Bruner revelou o que os clientes amam — e não amam. "Eu não entendo", escreveu Bruner a respeito da matéria, "por que Schnabel achou necessário criticar outros filmes. *Náufrago* não é perfeito, mas é bom. Schnabel caiu no meu conceito criticando-o."

Com exceções como Alice Roosevelt Longworth, que certa vez disse "Se você não puder dizer algo de bom sobre alguém, venha se sentar comigo", nós não gostamos das pessoas que criticam os outros, particularmente das que depreciam os concorrentes.

Pergunte ao pessoal da Deloitte Consulting.

Em 1998, a empresa decidiu lançar uma campanha publicitária que explorava o crescente desencanto das pessoas com as empresas de consultoria. Você podia ver o desdém em uma enxurrada de livros que atacavam essas empresas — com títulos como *Dangerous Company* e *The Witch Doctors*. Os livros produziram uma onda de piadas sobre consultores, que chegaram ao auge com um cartum de Matthew Diffee na *New Yorker* de 26 de março de 2001. A ilustração mostrava dois detetives em pé olhando para um corpo sem vida. "Pela natureza violenta das múltiplas punhaladas", observa um para o outro, "eu diria que a vítima provavelmente era um consultor."

> *Para fazer justiça à Deloitte, que é uma boa empresa, seus concorrentes com freqüência também tropeçam. Pessoas em todo o mundo reprovaram o nome Accenture para o que era anteriormente a Andersen Consulting e não conseguem decifrar seu significado, que os executivos da Accenture dizem ser a ênfase no futuro. Isso não distingue a empresa de nenhuma outra. Nesse ínterim, os antigos colegas da Accenture na Arthur Andersen violavam a Regra da Humildade (e aquela que é contra os clichês) fazendo anúncios com títulos enormes que gritavam: "O primeiro nome em serviços profissionais."*

Os executivos da Deloitte decidiram tirar proveito dessa hostilidade fazendo anúncios que tentavam distinguir sua empresa das rivais, que eles descreveram como caras, sem espírito prático e não testadas. Como Sean Bruner poderia ter previsto, a bala da campanha da Deloitte ricocheteou e atingiu a própria empresa.

O desejo de suicídio na tática da Deloitte pode ser sugerido por uma campanha paralela.

Imagine que você é um cliente que precisa de serviços dentários e vê um anúncio de consultório que sugere que outros dentistas deixam as bocas dos pacientes latejando durante horas. Como esse anúncio o faz se sentir? O quanto você fica ansioso por marcar um check-up odontológico? Mais importante ainda, como você se sente em relação aos dentistas que lançaram essa campanha depreciativa?

O ataque da Deloitte fez mais do que prejudicar seus concorrentes. Tendo como alvo a própria área de atuação, a Deloitte *atacou a si mesma*.

A campanha manchou a imagem da Deloitte. Quando lhes perguntaram como se sentiam em relação à empresa, muitos leitores desses anúncios disseram que ela era "insignificante, tinha inveja das empresas maiores e estava desesperada para trabalhar". Os anúncios também atingiram a Deloitte & Touche, sua empresa de contabilidade afiliada, tanto por associação quanto por uma percepção errada comum de que a empresa de contabilidade, não a de consultoria, tinha feito os anúncios.

Dentro de semanas do lançamento da campanha, um representante da Deloitte começou a viajar pelo país para defender o que ele chamava de campanha de "citar nomes". (Se ele tivesse pensado nesse título, teria examinado tanto seus discursos quanto a campanha. Como muitos leitores sabem, a expressão "citar nomes" foi cunhada durante a caça às bruxas em Hollywood, que tinha como alvo os comunistas e arruinou as carreiras e reputações de muitas pessoas que "citaram nomes.")

Passado apenas um mês, a Deloitte reconheceu o desatino e chamou o orador de volta para casa, terminando o ataque aos concorrentes — e a si mesma.

Nunca faça um auto-elogio ou critique o concorrente.

Sacrifício

Romeu e Julieta é considerada a maior história de amor do mundo porque ilustra algo que as pessoas adoram.

Tudo nessa peça leva ao momento em que Romeu descobre sua Julieta aparentemente morta. Desesperado, ele se apunhala para poder se juntar a ela na morte. Julieta acorda do sono induzido por uma droga e descobre que Romeu está morto. Desesperada, apanha a espada de Romeu e se mata.

Certamente a morte representa um sacrifício extremo. Mas a peça reconhece que uma característica distintiva de um verdadeiro relacionamento é o sacrifício.

> *O sacrifício e a idéia de reciprocidade — nossa inclinação para nos sentirmos obrigados a retribuir favores — estão intimamente relacionados. Robert Cialdini discute várias estratégias de vendas que se baseiam na reciprocidade — mais notavelmente os bem-sucedidos esforços dos hare krishnas para levantar fundos oferecendo cópias de seus livros de aparência valiosa — em* O poder da persuasão.

Essa regra se aplica — menos dramaticamente, é claro — aos negócios.

No fim da tarde de um sábado, um executivo de Seattle foi até sua cômoda pegar suas abotuaduras. Infelizmente, elas foram esquecidas no quarto de hotel em que se hospedara duas semanas antes. Apavorado com a visão de usar abotuadoras improvisadas com clipes para papéis, ele telefonou para a loja Nordstrom, no centro da cidade de Seattle, e explicou a situação para a vendedora.

A vendedora já havia feito planos para a noite de sábado. Mas quando o cliente telefonou, o dever a chamou. Ela encontrou abotoaduras que sabia que ele adoraria, fechou o caixa, se dirigiu ao seu carro e foi para Mercer Island entregá-las.

Aquela viagem transformou seu cliente em um amigo para toda a vida. Esse homem agora sai de seu caminho para comprar na Nordstrom, um ato quase perfeito de reciprocidade matemática: a vendedora saiu do caminho dela e o cliente agora sai do dele.

Você me dá e eu lhe retribuo. Você vai além do seu dever e eu vou além do meu.

Os sacrifícios dizem aos clientes que você se importa com eles, o que os faz se importarem mais com você. O sacrifício transforma o relacionamento. Agora você não é mais um serviço.

É o serviço *deles*.

Abra mão de algo e você obterá mais em troca.

Franqueza

Você só revela seus segredos íntimos para as pessoas em quem confia muito. Ao fazer isso, não só revela seu segredo como também demonstra sua confiança. Diz: "Você é especial e eu confio a você este segredo."

Lembra-se da última vez em que alguém agiu como se confiasse totalmente em você? Como se sentiu? *Maravilhoso.*

Nos negócios, como na vida, quem se revela — por exemplo, admite erros ou pontos fracos — transmite que confia em quem o ouve. Em troca, ganha o apreço dessa pessoa. As revelações formam a base dos relacionamentos duradouros: a confiança.

Pesquisadores da Cleveland State University descobriram esse poder anos atrás, em um estudo mencionado em *Vendendo o invisível.* Eles criaram duas cartas de referência e dois currículos quase idênticos para dois candidatos fictícios a um emprego, Robert e John. A primeira carta elogiava Robert. A de John era idêntica, exceto por uma frase adicional: "Às vezes pode ser difícil trabalhar com John."

Os responsáveis de recursos humanos se sentiram mais atraídos por John, porque acreditaram nele e em sua referência. Sentiram que poderiam confiar em alguém tão disposto a revelar um defeito.

Diga sempre a verdade. Mesmo se isso doer, garantirá aos clientes que você é franco e conquistará a confiança deles — a base de todo bom relacionamento.

Revele-se.

Integridade e o que ela realmente significa

Os clientes amam qualidade.

Mas em um serviço, o que *é* qualidade?

O cerne da qualidade de um produto é sua integridade estrutural. Em vez de se desintegrar, o produto permanece *integrado*, uma palavra cognata de *integridade*. A integridade de suas partes lhe permite executar.

O cerne da qualidade de um serviço também é a integridade — mas os elementos integrados são diferentes. Seu serviço é a promessa de que, em uma data futura, você executará uma tarefa. Portanto, a integridade do serviço é a integração entre a palavra e a ação — entre a promessa e a execução. Quando as promessas condizem com a execução, você tem integridade — algo que os clientes querem e de que precisam.

> *A idéia de que a qualidade de um serviço é medida pela relação entre o que é prometido e o que é executado explica por que, em uma noite qualquer, os clientes do McDonald's dirão que estão satisfeitos enquanto os de restaurantes quatro-estrelas — com comida, serviço e ambiente muito melhores — mencionarão que ficaram desapontados. O McDonald's pode fornecer menos e ainda assim satisfazer os clientes, porque promete menos. O fato nos lembra que a qualidade não é absoluta, mas relativa; é a execução em relação à promessa. Para garantir que você fornecerá qualidade, deve ficar atento ao que faz e promete.*

Integridade é qualidade. Nós inspecionamos produtos antes de comprá-los, olhando para eles de todos os ângulos para garantir que executarão o que prometem. Quando inspecionamos um serviço, procuramos todas as pistas que nos dirão que o serviço será executado conforme o combinado. Para fazer isso, devemos olhar para as pessoas que o prometem e perguntar: "Nós acreditamos nelas?"

Nós acreditamos nas pessoas que conquistam nossa confiança, que dizem a verdade mesmo quando isso dói. A insistência em se certificar de que as palavras e ações estão integradas as torna nossa fonte confiável.

> *"Sempre faça certo. Isso agradará a algumas pessoas e surpreenderá o resto."*
> — Mark Twain

Quando você diz a verdade, as pessoas sabem o que esperar. Sentem mais confiança — um sentimento bem-vindo nesta era de desconfiança. Podem ficar sossegadas e se preocupar com outra coisa.

Crie integridade em toda a sua organização. Contrate visando tê-la, a recompense, exija, forneça e transmita — sem medo.

A integridade é importante — e funciona.

O que os clientes mais amam

Pergunte a clientes de qualquer empresa por que são fiéis a ela e eles darão uma resposta bastante freqüente.

AS CARACTERÍSTICAS QUE OS CLIENTES AMAM

Eles mencionarão excelência, qualidade, habilidade ou preço? Raramente.

A resposta será "conforto".

"Conforto" é o que Adam Stenavich e milhares de outros calouros respondem quando são perguntados por que escolheram suas respectivas universidades. É o que O.J. Oshinowo responderia para explicar por que a Stanford o atraiu depois que soube que um de seus principais professores de engenharia elétrica — ele queria se tornar engenheiro — era, como ele, nigeriano.

Clientes de excelentes empresas com selos de qualidade — State Firm, Leo Burnett, Microsoft e outras — também dão esse motivo.

Conforto.

Nestes tempos de muitas opções e mensagens, do declínio da confiança, de mobilidade e oportunidades separando comunidades e famílias e de tantas opções envolvendo o que não podemos ver ou inspecionar, os clientes se sentem singularmente desconfortáveis.

Isso significa que anseiam, mais do que tudo, por conforto.

Como você satisfaz esse anseio?

Tudo que precede essa parte sugere passos a dar. Nomes e marcas familiares deixam as pessoas confortáveis e mais confiantes.

A especialização percebida conforta as pessoas. As empresas que parecem especializadas — cujos funcionários se vestem profissionalmente e que estão sempre em jornais e revistas — confortam esses clientes ansiosos.

A clareza conforta. Ajuda as pessoas a entender, o que as torna mais confiantes em relação a quem você é e por que deveriam escolhê-lo.

A integridade conforta. Garante às pessoas que, em um mundo de considerável incerteza, elas podem prever o que você fará pelo que diz. Essa sensação é rara e, portanto, valiosa.

Demonstrar o sincero interesse pelas pessoas também as conforta. Garante-lhes que você protegerá os interesses delas assim como os seus. Lança a base da confiança — o ponto central de um relacionamento duradouro.

Até mesmo sua paixão conforta as pessoas. Mostra que você ama o que faz, o que aumenta as chances de fazê-lo bem. A paixão conforta.

Você ama o conforto, nós amamos o conforto, os clientes amam o conforto — ele está acima de tudo. Nós admiramos a excelência e invejamos a superioridade, mas é o simples conforto que nos conquista e mantêm.

Conforte os clientes e você os manterá.

O MAIOR ATIVO

Por que algumas pessoas e empresas prosperam?

O historiador David Landes recentemente fez essa pergunta sobre grupos de pessoas. Ele examinou nações inteiras, da Argentina à China e da Holanda ao Egito. Estudou cuidadosamente livros, artigos e tratados cujos títulos fizeram parte de 67 páginas da bibliografia de seu livro *A riqueza e a pobreza das nações*.

Finalmente, Landes chegou à conclusão — dele e de seu livro. Por que *algumas* pessoas prosperam?

A resposta deveria repercutir em todos nós:

"Neste mundo, os otimistas vencem, não porque estejam sempre certos, mas porque são positivos. Mesmo quando erram, são positivos, e esse é o caminho da realização e correção, e do aperfeiçoamento e sucesso. O otimismo educado, de olhos abertos, compensa."

As pessoas que acreditam vencem. Como disse John Dryden, "conquistam aqueles que elas acreditam que podem conquistar".

Mais ou menos na mesma época em que Landes estava terminando seu livro, David Pottruck e Terry Pearce concluíam o deles — *Empresa turbinada pela web* — sobre outro sucesso. Em menos de vinte anos, perguntaram os autores, como Charles Schwab evoluiu de uma pequena empresa que oferecia descontos na corretagem para uma das mais apreciadas empresas de serviços financeiros do mundo?

Isso está no coração deles, argumentaram os autores. Mais do que ótimos produtos, serviços ou preços, foi a paixão que levou Charles Schwab — o homem e sua empresa — a crescer.

Contudo, nessa época outro escritor, o historiador Victor Hanson, estava intrigado com uma questão relacionada. Hanson se perguntava como os Estados Unidos, que haviam tentado tanto ficar fora da Segunda Guerra Mundial, puderam lutar de forma tão selvagem quando entraram nela. Como os americanos puderam descer na Normandia como "hordas mortais de predadores"? Por que alguns grupos são tão bons em lutar e outros tão ruins?

> *"Qualquer atividade que nos dê a sensação de objetivo e realização, que faça com que nos sintamos felizes por estar vivos, pode nos ajudar a cuidar de nosso cérebro e nutri-lo",* escreveu o Dr. John J. Ratey, *um professor de psiquiatria da Harvard Medical School em* O cérebro — um guia para o usuário. *"A paixão cura."*

Em seu *Soul of Battle*, Hanson demonstrou que nenhum exército lutou bem quando seu objetivo era escravizar ou subjugar pessoas. Mas os exércitos que lutaram com surpreendente paixão para salvar seu povo ou libertar outros povos — pense na corrida de Patton para o Reno ou no violento avanço de Sherman pela Geórgia — venceram.

A paixão vence, inflamada pela fé e pelo objetivo. Pode ser vista na alma da batalha e no coração de uma grande empresa. Especialistas em psicologia até mesmo afirmam que a paixão é terapêutica. "Ela cura", escreveu um deles.

Fé e paixão: esse é o caminho para dirigir uma empresa? "Dê-me o processo, a tabela de Gant, um

O MAIOR ATIVO

sistema", insiste o endurecido executivo. Dê-me algo concreto: sete passos. Oito chaves.

Nós tentamos. Mas quando procuramos pelas coisas concretas que impulsionam o sucesso, não as encontramos. Descobrimos algo mais sutil. Vemos que a equação do sucesso parece de difícil compreensão, desafiando todos os esforços inteligentes para reduzi-la a medidas de ação.

Ao que tudo indica, o sucesso vem daquele lugar misterioso que chamamos de alma.

Há vários anos, representantes de sete bancos de investimento voaram para Seattle, em Washington, a fim de fazer uma abordagem de vendas para a Starbucks. Todos os bancos impressionaram tanto o público que mais tarde o CEO Howard Schultz contou que não conseguiu diferenciar os bancos — exceto por uma pequena coisa.

"Compromisso e paixão. Essa foi a diferença", disse Schultz à revista *Fortune* em 1997.

É isso? Paixão? Não habilidade, perspicácia, talento, experiência. *Paixão?*

Se a resposta é paixão, o que um empresário pode fazer?

Pode incluir fé e paixão nos "itens de ação"?

Pode escrever "inspirar paixão" em um plano de negócios? Não sem arriscar o emprego.

Você poderia escrever "recrute otimistas" em seu plano de recursos humanos? Somente correndo o mesmo risco. Então o que você faz, procura funcionários que dizem que adoraram *Pigmaleão* e se identificaram com *Rocky*?

Você poderia tentar durante toda a sua vida traduzir esses intangíveis em seu plano. É por isso que tão poucas empresas decolam. Se todas pudessem reduzir fé e paixão a passos fáceis, na maioria das vezes seriam bem-sucedidas.

O que os gerentes deveriam fazer? Criar algo que impregne você de paixão e depois espalhar as chamas para todos os cantos da empresa.

Ouça Pearce, Pottruck, Hanson e Landes: a fé e a paixão fazem as empresas crescerem. Os clientes adoram pessoas e empresas apaixonadas porque a paixão os estimula — eles a sentem, e também se sentem melhores — e porque sabem que a paixão produz um ótimo trabalho.

> *"Não faz sentido ser pessimista. Não adianta nada."*
> — Adesivo de pára-choque

Portanto, o triunfo pertence àqueles que crêem. A fé nos enche de coragem para correr os riscos que as pessoas sem fé evitam e colher as recompensas que se seguem — a percepção de que nossas vidas crescem proporcionalmente à nossa coragem.

Por isso, da próxima vez em que dois caminhos surgirem à sua frente, evite o mais fácil: um caminho sem obstáculos raramente leva a algum lugar. Em vez disso, escolha o caminho que margeia o penhasco — aquele sem grades de proteção.

Siga esse caminho e conheça a alegria do passeio, e o orgulho que você sentirá quando chegar ao fim o inspirará a segui-lo repetidamente.

Um dia essa experiência o fará ganhar mais dinheiro. Mas todos os dias o tornará mais realizado, completo e vivo.

— Harry Beckwith, 1º de outubro de 2002

APÊNDICE

Lista de perguntas a fazer ao criar um negócio excepcional

Primeiro princípio

O que realmente é importante para nós?
Onde queremos estar daqui a cinco anos?

> Por quê? Temos certeza disso?
> Como queremos que nossa vida seja diferente, no trabalho e fora dele?
> Que mudanças-chave devemos fazer agora para conseguir isso?

Não importa o que fizemos ou o que os outros fizeram: o que é possível?
O que os clientes achariam notável?
Se partíssemos do zero, hoje, o que faríamos de modo diferente?

> Como nos organizaríamos para servir melhor aos clientes?

O que acrescentaríamos?

O que eliminaríamos?

Como deveríamos começar a fazer essas mudanças, a partir de hoje?

Se estivéssemos competindo contra nós, onde nos atacaríamos?

Como corrigir esse ponto fraco?

Acrescentando insights mais profundos

Quais dez ou doze clientes, amigos, colegas do setor ou outras pessoas podem nos fornecer insights mais profundos para melhorar nosso negócio?

Chegando ao Centro Incandescente

Quem forma o Centro Incandescente de nosso setor?

Com quais membros temos contato? Com quais não temos?

O que deveríamos fazer para aumentar nossa influência com essas pessoas?

Chegando aos clientes-chave

Quais três ou quatro possíveis clientes teriam mais impacto a longo prazo em nosso negócio — como referências singularmente fortes?

Como podemos começar a transformar essas pessoas em clientes?

Atacando os pontos fracos de nosso setor

Qual é a maior falha em nosso setor percebida por possíveis ou atuais clientes?

Como podemos eliminá-la totalmente?

Qual é o estereótipo dos observadores externos em relação às pessoas em nosso setor?

Como podemos superá-lo?

Nossa marca

Nossa marca é única?
É vívida?
É simples?
Transmite uma mensagem clara e forte do modo que mais queremos e precisamos transmitir?
É convidativa?

Nosso nome

Nosso nome é distintivo?
É memorável?
É breve o suficiente para ser processado e lembrado?
Expressa ou sugere uma mensagem importante?
O valor de nosso nome atual é maior do que o valor de mudá-lo para um nome mais forte e útil?
Ele pode ser pronunciado facilmente, até mesmo musicalmente?
A maioria das pessoas terá de perguntar como soletrá-lo? Nesse caso, você pode facilmente explicar como soletrá-lo?

É curto? (Deve ter no máximo 11 letras e quatro sílabas.)

Tem características que o tornem memorável — é único, sensorial e se sobressai?

É interessante? Tem um "valor de história"?

É autêntico? Quem realmente somos?

Nossos funcionários podem dizê-lo com orgulho?

Dá o tom certo?

É diferente o bastante dos nomes dos concorrentes?

É aceitável para quase todos os possíveis clientes?

Deixa algumas pessoas desconfortáveis? (A resposta "sim" é desejável.)

Expressa ou sugere uma mensagem desejável?

É *rico em significados*, sugerindo mais de uma mensagem positiva? (Alguns bons nomes não passam nesse teste, mas muitos ótimos nomes sim.)

Nosso preço

O que nosso preço transmite sobre o valor do nosso trabalho?

Seu estabelecimento de preços é absolutamente claro?

É tão simples que um possível cliente o entende imediatamente e não atrasa ou distrai o cliente?

Nossa embalagem: o exame visual

Examine todos os pontos em que seus possíveis clientes entram em contato com você — de cartões de visita a símbolos, de roupas a envelopes.

Cada contato causa uma forte impressão?
Cada contato diz, "essa empresa é especial"?
Cada contato transmite claramente uma sensação de qualidade e profissionalismo?
As mensagens em cada ponto são coerentes umas com as outras?

Nossas comunicações

Nossas mensagens são breves e vão direto ao ponto?
Todas as palavras são importantes — ou há palavras desnecessárias e desperdiçadas?
Nós transmitimos imediatamente nosso ponto de diferença?
Transmitimos de modo claro e convincente o benefício distintivo de trabalhar conosco?
Fornecemos provas fortes de todas as nossas afirmações?
Se a pessoa nunca lê uma palavra da mensagem, a comunicação ainda transmite a sensação de qualidade?
O leitor se sente envolvido com a leitura? Aborda seus desejos e suas necessidades — ou nós falamos demais sobre nós mesmos?

Nossas apresentações

Nossas imagens, por si só, transmitem a sensação inconfundível de qualidade e profissionalismo?
Todos os slides são necessários? Cada um deles transmite a mensagem melhor do que apenas palavras podem transmitir?
A quantidade de slides é mínima, para que o público possa se concentrar em nosso pessoal em vez de em nossos slides?

312   O QUE OS CLIENTES AMAM

Cada imagem não transmite mais do que três pontos sucintos?

Cada ponto pode ser reduzido à metade das palavras?

As imagens são interessantes e apropriadas?

Nossa apresentação é sobre o cliente e as necessidades dele ou sobre nós?

A apresentação é cativante sem ser imodesta?

É humana, cordial, convidativa e pessoal? Há momentos em que é muito institucional?

Nossos testemunhos são poderosos e verossímeis?

Usamos histórias para tornar nossa mensagem mais clara e interessante?

Nosso serviço

Vinte por cento de nossos clientes estão impressionados conosco?

Todos menos 10% de nossos clientes estão muito satisfeitos conosco e com o que fazemos para eles?

Que planos temos para conquistar esses 10%?

Nossa recepcionista é cordial, receptiva e otimista?

Se não é, o que devemos fazer — esta semana — para corrigir isso?

Alguém se sente extraordinariamente bem-vindo quando entra pela nossa porta?

As ligações são atendidas e transferidas em tempo quase real?

APÊNDICE 313

O que podemos fazer para garantir que sejam?

Nós retornamos os telefonemas ou acompanhamos contatos em tempo quase real?

Fazemos o acompanhamento nas 24 horas que se seguem a todos os contatos com um possível ou atual cliente?

Temos um programa regular e rigorosamente seguido de agradecer aos clientes e possíveis clientes pelo menos uma vez ao ano?

Estamos fazendo algo especial pelo menos uma vez ao ano para nossos clientes fiéis?

Todos esses clientes sabem claramente que são especiais para nós?

Quando fazemos uma promessa para um cliente, anotamos para sabermos o que prometemos e o que fazer para cumprir e para eles saberem exatamente o que esperar de nós e quando?

Leitura recomendada para um negócio prosperar

Geral

O *New York Times,* particularmente "Science Times" (publicado todas as terças-feiras). Trata-se de um jornal, uma empresa e uma instituição notáveis. A seção "Science Times" se destaca por traduzir em uma linguagem clara e até mesmo envolvente descobertas importantes na área das ciências naturais e sociais — inclusive de psicologia e de comportamento do cliente. Modelo de boa comunicação, bem escrito e editado, o *Times* é único.

The New Yorker. Essa revista sofreu uma transformação surpreendente, porém sutil, deixando de ser a julgadora de gostos e estilo que fora por décadas para se tornar um barômetro de ambos. Capaz de identificar mudanças na cultura popular e nas artes, que refletem mudanças culturais mais amplas, é valiosa por fornecer um fórum para os exames de Malcolm Gladwell de pesquisas psicológicas e por sua ótima redação. Graças aos melhores cartuns do mundo, também é capaz de nos fazer rir enquanto pensamos. E, apesar dessas mudanças, é uma fonte inigualável de insights sobre as vidas e os valores dos "abastados e instruídos" da América.

Marketing

A imaginação do marketing, Theodore Levitt. Ótimo quadro geral.

Posicionamento: a batalha por sua mente, Al Ries e Jack Trout. Um modelo de clareza, esse clássico consegue ser divertido e útil ao se concentrar em onde o marketing começa.

Sobrecarga

A economia da atenção, Thomas Davenport e John Beck. Um caso detalhado de superabundância de informações no mundo atual, uma descrição de seus efeitos e algumas estratégias para lidar com as conseqüências para sua empresa.

Confiança

Bowling Alone: The Collapse and Revival of American Community, Robert Putnam. Nem todos concordam com suas conclusões, mas os insights sobre o declínio da confiança parecem irrefutáveis.

Confiança: as virtudes sociais e a criação da prosperidade, Francis Fukuyama. Às vezes de leitura pesada, mas lógico e inspirador.

Mudanças e tendências culturais

Utne Reader, revista mensal. Ênfase nas pessoas inovadoras, aquelas que mudam primeiro.

Comunicação clara

The Elements of Style, William Strunk e E.B. White. Jamais igualado, provavelmente porque ninguém teve coragem de escrever um livro que pudesse ser comparado com esse clássico. Útil em concretude, brevidade, precisão e palavras "visuais".

On Writing Well, William Zinsser. Um modelo perfeito do que prega: escrita que você entende no instante em que lê.

Cama de gato, Kurt Vonnegut, Jr. Literalmente irreverente — uma crítica à religião — e talvez o livro mais claro já escrito, assim como um dos mais envolventes.

Narrativa

Cama de gato, Kurt Vonnegut Jr. Veja o item anterior. Observe como, entre outras coisas, o autor deixa os leitores curiosos a respeito do que vem a seguir — uma chave para a narrativa que envolve e cativa o leitor e o público.

Psicologia dos clientes

O poder da persuasão, Robert B. Cialdini. Útil, acessível e popular.

Motivation and Personality, Abraham Maslow. Um ponto de partida para entender o comportamento dos compradores. Nenhum psicólogo já teve tanto impacto no marketing quanto Maslow.

A alma da nova máquina, Tracy Kidder. Uma história bem contada que aumentará sua compreensão de como os técnicos pensam, vivem e trabalham.

Journal of Personality and Social Psychology. Pesado, exceto para os psicólogos e talvez até mesmo para eles, esse jornal é uma importante fonte de informações sobre o comportamento humano, inclusive sobre o dos compradores.

Psychology Today. Certamente não cientificamente rigorosa, mas tampouco cientificamente irresponsável, essa publicação traduz a psicologia para as massas e pode indicar outras fontes para você aprofundar o conhecimento sobre determinado tema.

Obras de ficção importantes que exploram o caráter humano.

Anna Karenina, Leo Tolstoi. Fascinante e perceptivo.

The Portrait of a Lady, Henry James. Um exemplo brilhante das vidas e características dos ricos.

O grande Gatsby, F. Scott Fitzgerald. Atemporal, particularmente no que diz respeito a ascensão, ambição e consumismo — e com o final de três parágrafos mais poético jamais escrito.

APÊNDICE   317

O apanhador no campo de centeio, J.D. Salinger.
Um mapa para o cérebro das pessoas — o desencanto, a ansiedade em relação ao sexo oposto e sua confusão.

Construção de marcas e design

@issue. Patrocinada pela Potlach Corporation e dirigida pelo editor Peter Lawrence, essa publicação séria, acessível e bem feita explica o melhor design corporativo da América.

Revista *One*. Bela exploração do melhor design do mundo, com uma forte filosofia de que a forma acompanha a função e o design funciona de modo tão belo quanto parece ser.

Building a Dream: The Art of Disney Architecture, Beth Dunlop. Um olhar por trás da fachada da arquitetura da Disney — dos parques temáticos, hotéis e sedes corporativas — e um lembrete da influência da embalagem, do ambiente e dos detalhes.

Communication Arts Design Annual. Até mesmo o trabalho estrategicamente dúbio — abundante nessas belas e brilhantes páginas — mostra as infinitas opções do design.

Obras importantes de não-ficção, notáveis pela clareza, pelo poder de expressão e compreensão da natureza humana

Slouching Towards Bethlehem e *O álbum branco*, Joan Didion. O primeiro livro inclui o brilhante ensaio de Didion "Some Dreamers of the Golden

Dream". Ambos os livros captam a alma e o espírito da geração nascida no pós-guerra trinta anos atrás, que ainda a permeiam hoje.

Oranges, John McPhee. Demonstra lindamente que tudo é interessante se você examinar com atenção — uma lição para todos que planejam anunciar ou divulgar um negócio. Se você procura, as histórias estão sempre lá.

The Headmaster, John McPhee. Também interessante como um estudo de um educador, líder e indivíduo movido por uma paixão, na pessoa de Frank Boyden o antigo diretor da Deerfield Academy, e o dramático resultado — a reviravolta de uma empresa de serviços, a escola de Boyden.

Working, Studs Terkel. Uma olhada em americanos de todos os tipos, em suas próprias palavras, salientando o papel do trabalho em suas vidas. Também é uma referência útil e um lembrete das diferentes expressões idiomáticas americanas.

The Doublé Helix, James Watson. Talvez o mais raro dos livros sobre ciência que é impossível parar de ler — sobre a corrida de vários cientistas no início da década de 1950 para desvendar os mistérios do gene humano e, com isso, ganhar um "quase certo" Prêmio Nobel. Outro excelente insight do pensamento dos cientistas.

Este livro foi composto na tipologia Garamond ITC Book BT,
em corpo 12/14,5, impresso em papel off white 80g/m²
no Sistema Cameron da Divisão Gráfica
da Distribuidora Record.